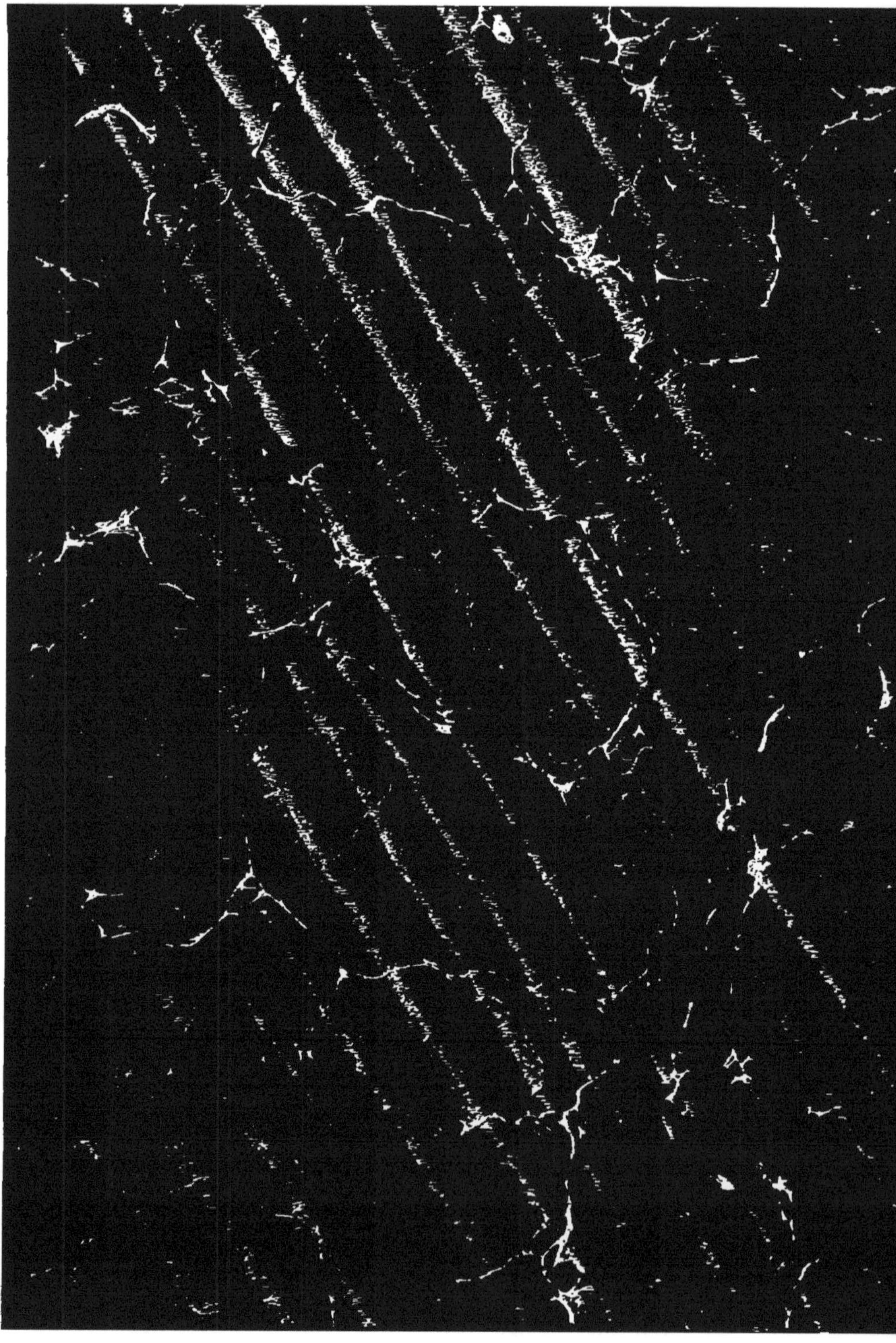

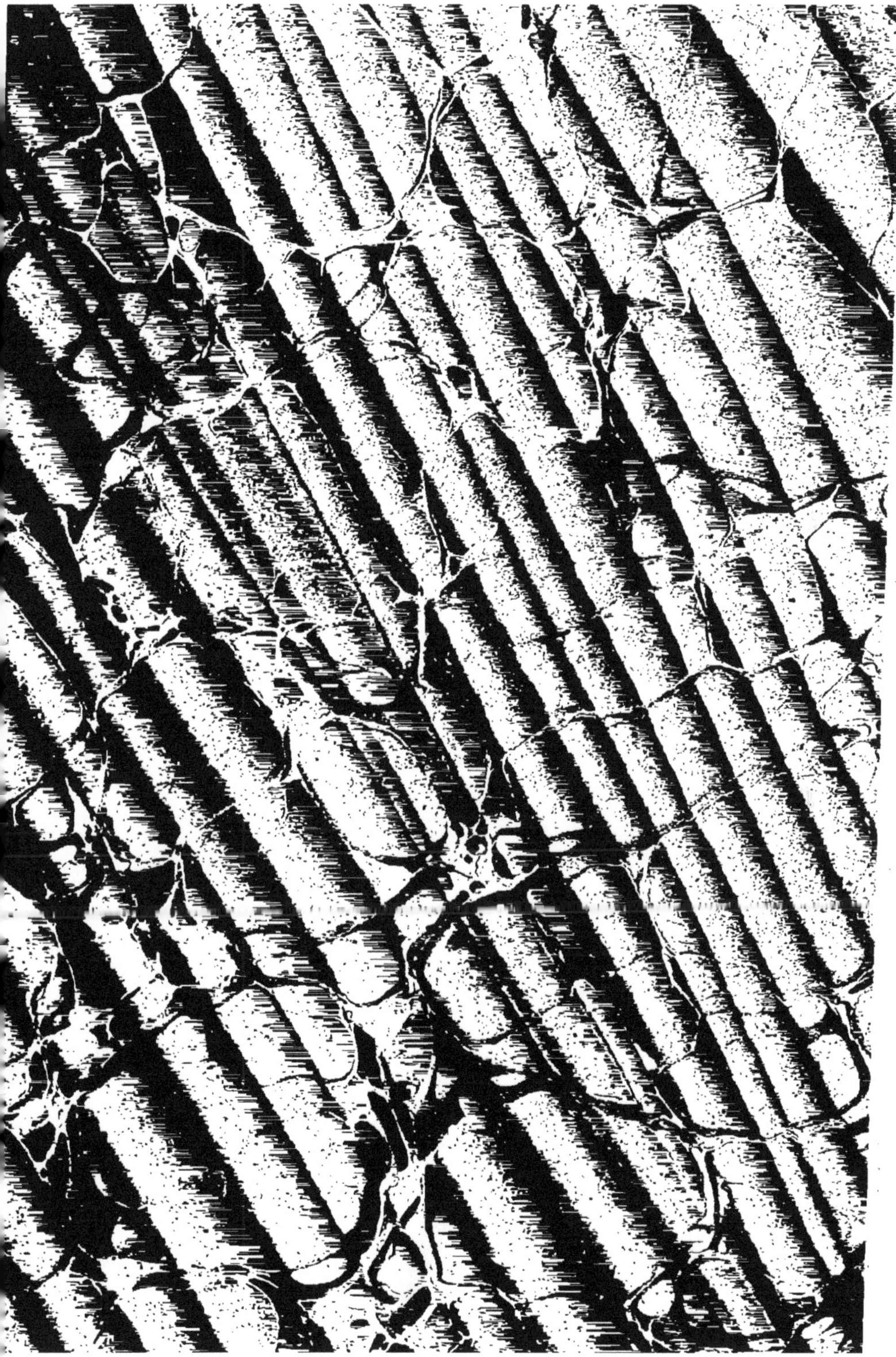

DE LA RÉVOLUTION
D'ESPAGNE
ET
DE SA CRISE ACTUELLE.

DE LA RÉVOLUTION
D'ESPAGNE
ET
DE SA CRISE ACTUELLE.

PAR M. ALPHONSE DE BEAUCHAMP,

CHEVALIER DE L'ORDRE ROYAL DE LA LÉGION D'HONNEUR.

PARIS,

PONTHIEU, LIBRAIRE, Palais Royal, Galerie de Bois, Nº 252.

1822.

INTRODUCTION.

De tous les événemens contemporains qui depuis trente-deux ans étonnent le monde, le plus surprenant sans doute, celui qui a le plus influé sur les destinées de l'Europe, c'est le renversement du pouvoir révolutionnaire-militaire dans la personne de Napoléon. L'Europe changea aussitôt de face. La tranquillité et la paix furent rétablies par le concert de l'Angleterre avec les Monarques du Nord; mais à peine cette paix a t-elle eu cinq ans de durée effective, tant les bases en étaient fausses! et encore ces cinq ans ont-ils été marqués par des tentatives réitérées de révolution dans la Péninsule, en-deçà et au-delà de la

Manche. Mais quand les libéraux d'Espagne, arborant à l'île de Léon l'étendard de la révolte, eurent soulevé les soldats, et fait contre leur roi un appel à la force, ils rouvrirent la carrière des révolutions. Naples, Lisbonne et Turin répondirent aux cris séditieux des Janissaires de la licence et de l'anarchie. La Grèce entière se soulevant contre la domination des Turcs, appela les Russes, autre sujet d'effroi pour l'Europe. Si l'Italie fut comprimée par la force des armes, si le pouvoir souverain y fut mis à l'abri, la Grèce et l'Espagne restèrent en feu, et l'Europe en alarmes. Elle est désolante l'histoire de ces deux dernières années. Qu'aperçoit-on ? l'Europe flotter entre le sabre du despotisme et les brandons d'une anarchie féroce. Fatigués ou du joug ou de la paix, les peuples attendent les nouveautés qui leur promettent une autre situation, un autre avenir; mais aucun ne prévoit ni ne calcule les effets éventuels des changemens qu'on leur prépare. Le cercle des révolutions reste sans limites, et de nos jours les révolutions pénètrent jusqu'aux racines mêmes de la société. Puisse le moment actuel ne pas nous amener à la subversion indéfinie du système social! Hélas! l'expérience n'est plus une leçon; le raisonnement d'un jour l'emporte sur l'autorité des siècles; nous tombons en aveugles dans l'anarchie des mœurs, des droits et des systèmes, avec les forces réunies de l'argumentation, de l'enthousiasme et des armes. Quel frein pourra désormais contenir un peuple corrompu, lancé dans la licence? Chaque pouvoir nouveau sera détruit aussitôt que formé; et si les classes indigentes, si les soldats prédominent, aucun citoyen ne pourra répondre six mois de sa fortune, de son établissement et de son existence. Verrons-nous les grands Etats se dissoudre, se convertir en unè multitude de peuplades vouées entre elles à une guerre de tous les jours? Oui, si tant de liens brisés, tant d'autorités dispersées, ne sont pas à la fin subordonnées à un pouvoir central légitime.

La France pourtant, la France, centre de la civilisation européenne, se montre dans sa grande majorité dégoûtée des révolutions et de l'anarchie. Elle voudrait rester paisible et heureuse sous le sceptre de son roi législateur, pour ne plus être ni entraînée, ni entamée par les apôtres des doctrines subversives. Mais le voisinage de l'Espagne en feu l'inquiète; elle porte ses regards sur cette péninsule désolée, cherchant à en scruter la situation, à démêler la force, les vues et les projets des partis qui la déchirent; elle veut savoir enfin si elle doit redouter l'influence ou les effets de sa crise actuelle, et quel pourrait en être le résultat. Tel est l'objet de cet écrit sur l'Espagne.

Hommes du dix-huitième siècle! vous qui admirez son élan dans la carrière des révolutions, venez jeter un coup-d'œil sur la malheureuse Espagne; venez comparer ses maux présens avec ses maux passés! Depuis deux ans en proie aux convulsions de l'anarchie, elle est chaque jour à la veille de consommer la catastrophe qui la plongera dans l'abîme. Au délire de ses passions politiques, est venu se joindre un fléau destructeur, la peste, qui, loin de calmer la fermentation révolutionnaire, lui a donné une activité nouvelle, une physionomie plus sombre. Le triomphe de la mort, la malédiction de Dieu, ont dévoré l'Espagne. La discorde et la terreur planent sur ses villes désolées; il ne lui manquait plus que la guerre, elle l'a dans son sein; encore un pas, elle l'aura au dedans et au dehors.

Avant de sonder la profondeur de ses maux, j'en examinerai la source; j'indiquerai rapidement les traits de ressemblance de sa révolution avec la nôtre; en même temps, j'en ferai ressortir les contrastes, pour en mieux établir la différence. Ce parallèle ne sera pas un pur jeu d'esprit; il ne sera même pas sans fruit ni sans utilité pour l'instruction de l'historien et du publiciste, de l'homme d'état et de l'homme de cour. Puisse-t-il frapper ceux qui gouvernent les Monarchies mourantes, dans ces temps d'instabilité et de vicissitudes!

DE LA RÉVOLUTION D'ESPAGNE

ET

DE SA CRISE ACTUELLE.

L'Espagne, espèce d'île continentale, a pour limites naturelles la Méditerranée, l'Océan et les monts Pyrénées. Du nord au sud, sa longueur est de deux cents lieues, sur une largeur à peu près égale. Du détroit de Gibraltar, elle aperçoit l'Afrique. Ses immenses côtes offrent pour abri plusieurs rades superbes. De hautes montagnes la traversent dans tous les sens, et lui servent comme de retranchement et de citadelles. Son sol est en général fertile, quoique la plupart de ses rivières ne soient que des torrens. Elle doit à son étendue et à la direction de ses montagnes, trois sortes de climats :

le nord est froid et pluvieux, le centre sec et chaud, le midi humide et brûlant ; mais ici de ses monts élevés s'échappe une brise salutaire qui porte la fraîcheur dans les provinces les plus voisines de l'Atlas.

Huit nations différentes ont successivement envahi et possédé l'Espagne ; plusieurs dynasties, presqu'aussitôt renversées qu'élevées, y ont régné tour à tour. Ses annales offrent une suite de révolutions; mais à trois reprises, à trois grandes époques, elle s'est reposée dans l'unité monarchique. Subjuguée d'abord par les deux grandes républiques de l'antiquité païenne, Carthage et Rome, elle tomba enfin sous la domination d'Auguste et des Césars. L'invasion des peuples du Nord y amena de nouvelles révolutions. Les Visigoths y fondèrent une monarchie régulière, qui semble avoir servi de modèle aux monarchies limitées de l'Europe. Ce fut alors que sous le nom de Conciles, l'Espagne eut ses assemblées nationales ou États-Généraux qui remédiaient aux désordres de l'État et de l'Église. La mollesse et les dissensions minèrent la domination des Goths; et dans une seule bataille, les Sarrasins ou les Maures, leur arrachèrent l'Espagne, qui fut soumise à l'empire des Califes. La chute soudaine de la monarchie des Goths fit trembler les barbares de l'Europe. Les Maures étaient des Africains, des conquérans, dont la religion, ainsi que les mœurs, se trouvaient en opposition avec la religion et les mœurs des anciens habitans, et des Goths eux-mêmes. Ceux-ci, échappés au fer des Musulmans, s'étaient réfugiés d'abord dans les antres des Asturies. Là, ils nourrissaient une haine mortelle contre les nouveaux envahisseurs. Ce sentiment, que Pélage rendit héroïque, se perpétua d'âge en âge par des guerres continuelles contre les Musulmans, sur lesquels les descendans des Goths et des anciens habitans, reconquirent pied à pied leur patrie. Pendant cette lutte glorieuse, plusieurs monarchies chrétiennes s'élevèrent dans le nord de l'Espagne : les Asturies et la Galice, l'Aragon et la Navarre, et plus tard la Castille. Le midi était occupé par des royaumes Musulmans. Les Califes Sarrasins de la race des Omiades, fixèrent leur résidence à Cordoue vers le milieu du huitième siècle. Là, commencèrent à fleurir cette galanterie, cette magnificence qui rendirent les Maures d'Espagne supérieurs à leurs contemporains dans les arts et dans les armes. Cordoue devint une des villes du monde les plus polies et les plus splendides. Pendant neuf siècles, elle brilla du même éclat; mais enfin la valeur et l'austérité chrétiennes prévalurent, et la croix triompha des Mosquées. Divisée en plusieurs royaumes, long-temps déchirée et languissante, l'Espagne forma enfin une monarchie indivisible, après l'entière expulsion des Maures; toutes les couronnes se réunirent sur la tête d'un seul prince chrétien. Vers cette époque brillante, elle sembla prétendre à la monarchie universelle.

L'Europe n'a pas oublié qu'en effectuant la découverte du Nouveau-Monde, Ferdinand et Isabelle firent de l'Espagne la plus puissante et la plus vaste des monarchies de l'univers; que Charles-Quint triomphait à Pavie, quand les premiers navigateurs espagnols faisaient le tour du monde; que Fernand Cortès au Mexique, Pizarre au Pérou, combattaient, conquéraient et assuraient à l'Europe les précieuses productions des deux Amériques. Ces aventuriers intrépides faisaient adopter leurs mœurs, leur religion, leur langage à des milliers d'Américains; formaient des agriculteurs, des artisans et des soldats; les identifiaient avec la métropole par le mobile du patriotisme. Malheureusement, le gouvernement espagnol tourna toute sa sollicitude sur l'Amérique, s'imaginant que ses mines d'argent et d'or étaient la source principale de sa prospérité et de ses richesses. Alors commence la dégénération, la décadence de l'Espagne, comme si les nations étaient sujettes aux mêmes vices, aux mêmes vicissitudes que les hommes. La mollesse et la léthargie furent à leur comble dans la monarchie espagnole, sous les derniers rois autrichiens. Épuisée alors par des guerres injustes, impolitiques; punie par le découragement et la détresse, elle ne se releva que par une nouvelle révolution qui plaça le petit-fils de Louis XIV sur le trône de Charles-Quint. Toutes ces révolutions, en laissant des traces profondes, ont modifié, mais non altéré, le caractère national : c'est à la fois l'ancien Espagnol pour la franchise, le Goth pour la fierté, le Maure pour la galanterie, et de ce mélange combiné, soit avec le christianisme, soit avec la philosophie moderne, se compose aujourd'hui le caractère de cette nation malheureuse.

La révolution espagnole actuelle, sœur cadette et dégénérée de la révolution française, n'en a et n'en aura jamais ni l'éclat trompeur ni les accès de gloire. Dans ses crimes même, elle lui est inférieure, ne pouvant lui être comparée que par la violence de sa faction perturbatrice. A la vérité, ses premiers révolutionnaires montrent plus d'énergie que nos constitutionnels de 1791, qui laissèrent évanouir honteusement l'édifice mobile qu'ils avaient élevé sur les ruines de la monarchie française.

Nul doute que l'une et l'autre révolution n'ait été amenée par les mêmes causes morales : la dégénération lente des principes religieux et monarchiques; l'affaiblissement des institutions aristocratiques héréditaires. Mais elles n'ont eu dans leur début ni les mêmes signes ni la même marche, moins peut-être par la différence des caractères des deux peuples, que par un autre ordre de circonstances et d'événemens.

La révolution française fut ourdie au sein de la paix et de la prospérité publiques par des coteries factieuses, qui eurent l'art perfide d'agiter et de séduire une nation facile à exalter. La révolution espagnole sortie du même germe, a éclaté à la suite d'une invasion atroce et d'une guerre exterminatrice. Le peuple n'y a presque pas eu de part. On doit la considérer plutôt comme une révolte de soldats associés à des conspirateurs, que comme un soulèvement imposant, excité par le délire de toute une nation.

Quand les révolutionnaires de Paris vinrent agiter, en 1789, la France et l'Europe, l'Espagne était dans le même état d'où sortait la France, c'est-à-dire, tranquille au dedans et au dehors, et à beaucoup d'égards heureuse sous le sceptre des rois Bourbons. Mais sa dégénération était plus marquée. Elle étendait sur les deux Mondes un pouvoir affaibli, ne conservant de sa haute noblesse que les titres et le faste ; de sa redoutable inquisition, que le spectre ; de ses armées et de sa marine que des débris. Son cabinet n'avait ni ressort, ni dignité ; sa cour était une arène de basses intrigues, offrant le spectacle révoltant des triomphes impudiques d'un indigne favori, amant de la reine, et par-là maître de l'État.

La France avait encore ses trois ordres distincts à l'ouverture des États-Généraux (1).

(1) En Mai 1789.

Elle avait sa magistrature et sa chambre des Pairs héréditaires; un clergé propriétaire et hiérarchique; elle possédait un roi vertueux et ami de son peuple; une cour brillante et polie, qui n'avait pas dépouillé toute pudeur; elle avait enfin une armée navale, illustrée dans une guerre récente; une armée de terre, belle, nombreuse, commandée par l'élite de sa noblesse, et que les factieux ne purent désorganiser qu'après trois ans de subornations et d'efforts.

La monarchie espagnole eut d'abord à se préserver des principes démocratiques proclamés dans Paris. Ses peuples seuls les repoussèrent par antipathie et par une sorte d'instinct. Entraînée, la cour de Madrid fit sans habileté comme sans gloire, la guerre aux meurtriers de Louis XVI et aux ennemis de l'ordre social. Mais bientôt elle se couvrit de honte en traitant avec eux. Déjà, le virus des innovations révolutionnaires s'était introduit dans les veines du corps politique; presque tout le cabinet en était infecté, de même que plusieurs grands, plusieurs généraux, un grand nombre d'officiers de terre et de mer, de commerçans et de légistes. Il ne restait intact de la vieille Espagne qu'une partie de son clergé, les moines et le peuple, qui, dans tous les temps s'est montré aussi obstiné dans ses préjugés que dans ses habitudes.

Asservie aux régicides de Paris, la cour de Madrid se montra disposée (1) à livrer son territoire à une armée française, pour aller saccager révolutionnairement l'héritage de la maison de Bragance. Voilà où la monarchie de Charles-Quint était descendue. Ses administrateurs pensaient qu'au lieu de réunir ses forces, ses ressources de tout genre et celles du Portugal pour disputer le passage à quarante mille Français, il était plus sage de les introduire au milieu de soi, de se confier à leur loyauté, et d'aller égorger de compagnie un voisin paisible, gendre et allié du roi d'Espagne.

Cette pente irrésistible, qui entraînait la Monarchie espagnole, était aperçue par tous ceux qui suivaient de près l'esprit, le caractère et les vues des intrigans révolutionnaires à qui la Cour de Madrid livrait la direction de son cabinet. Profitant de la retraite simulée du prince de la Paix, amant

(1) En 1798.

de la reine, la cabale française gagna plus d'ascendant de jour en jour. Elle fit confier le porte-feuille des affaires étrangères à un jeune homme nommé d'Urquijo, ivre de philosophie moderne, et ne déguisant même pas son attachement aux nouveautés de la révolution. Servi par d'Urquijo et par un chevalier d'Azara, Charles IV devait finir son rêve royal comme l'ont fini tous les princes subjugués par de tels conseillers. Jamais la chute d'un Empire ne fut marquée par le doigt du Ciel en caractères plus visibles.

Abusant l'Espagne par leurs feintes caresses, les régicides qui siégeaient au palais du Luxembourg, se préparaient en secret à dissoudre ce fantôme de gouvernement, le jour où ils se verraient en possession de Lisbonne. La subornation, le prosélytisme, les émissaires et le convoi des machines de subversion voyageant avec l'armée française, eussent révolutionné l'Espagne, avant même que le Portugal eût été conquis.

Ce dénoûment prévu, ne fut que retardé par l'effet de la coalition de 1799, et par l'usurpation de Bonaparte. Quand ce soldat, plein d'audace et de génie, s'emparant de la révolution française en eut surpris et envahi tous les pouvoirs; l'esprit agitateur fut un moment arrêté dans ses progrès en-deçà et au-delà des Alpes, en-deçà et au-delà des Pyrénées. Napoléon eut à s'affermir avant de reprendre et de modifier les plans des régicides, avant de se les approprier et d'essayer de la monarchie universelle. Les deux péninsules, l'Italie et l'Espagne, reçurent de lui l'impulsion, l'une par la conquête, l'autre par l'intrigue mêlée à la terreur. L'Espagne, par la lâcheté et la turpitude du favori, amant de la reine, devint un royaume tributaire du dominateur de la France.

Napoléon voulut de plus y régner : il sema la discorde dans le palais du roi, excitant le fils contre le père, irritant le père contre le fils, et ouvrant, dans la patrie du Cid, la carrière sanglante des révolutions. La cour et les grands se précipitèrent au devant de ses séductions et de ses piéges.

Nous avions fait nous-mêmes notre révolution; l'Espagne, après en avoir sucé les poisons, en reçut de nous les fléaux. Si le sentiment de l'indépendance et l'orgueil national prévalurent, c'est que le peuple, les prêtres, les moines, les jeunes gens et les femmes, s'indignèrent et entraînèrent les soldats. On courut aux armes dans toute la Péninsule. Alors commença contre les armées françaises, engagées malgré elles dans une cause inique, cette guerre nationale, mais tumultuaire et désordonnée qui, pendant six ans, désola l'Espagne. Les milices ne se signalèrent que dans la défense de ses villes et de ses forteresses, dans des surprises et des brigandages; en batailles rangées, elles ne pouvaient tenir. On trouve dans les historiens de l'antiquité qui nous ont transmis le récit de la longue lutte des Espagnols contre les Carthaginois et contre les Romains, les mêmes traits caractéristiques.

Sans l'appui des armes de l'Angleterre, l'Espagne n'eût pas résisté avec plus de bonheur, qu'aux époques où elle fut successivement envahie et subjuguée par tant de nations.

En 1808, on eût dit qu'elle se trouvait encore là pour être ravagée et exploitée par des guerriers envahisseurs, et par une domination étrangère. Ferdinand VII, proclamé après l'abdication de son père, était captif; avec lui s'était éclipsée la royauté, dont il ne restait que le protocole. A l'unité monarchique, succéda le gouvernement de plusieurs, exercé par des juntes provinciales et centrales. Remuer toutes les passions, joindre à l'enthousiasme religieux le fanatisme politique, faire concourir à la fois, pour la délivrance de la patrie, le dévot et l'athée, le royaliste et le démagogue, tel fut l'instinct de ceux qui présidèrent au déploiement de la force nationale, dans une guerre entreprise au nom d'un roi dans les fers : c'était l'héroïsme de l'anarchie. L'esprit révolutionnaire en fut alimenté et fortifié. Se trouvant maître du pouvoir au moment où les Espagnes, après six ans de convulsions et de guerre, allaient être affranchies, il enfanta la constitution des Cortès, parodie de notre démocratie royale de 1791, imaginée pour faire régner une assemblée unique et factieuse, pour avilir la couronne, et pour renverser successivement toutes les institutions monarchiques. Nos constitutionnels démolirent la royauté qu'ils avaient en face; les démagogues de Cadix renversèrent un pouvoir nominal; de la monarchie de Charles-Quint et de Philippe II, il ne restait que le nom de Ferdinand VII.

Telle était la situation de l'Espagne, quand

vers la fin de 1813, Ferdinand fut rétabli sur son trône par celui même qui l'en avait précipité, et qui chancelait sur le sien. Ce Prince médita aussitôt le renversement de la constitution détestable qu'on voulait lui imposer, et qui réduisait la royauté à n'être plus qu'une ombre. Le pas était glissant : les vues des constitutionnels espagnols paraissaient nationales; leur constitution d'ailleurs était émanée d'une autorité qui, à cette époque, était la seule légitime. L'ambassadeur d'Angleterre, en rencontrant le Roi à Valence, lui conseilla d'adopter l'œuvre des Cortès avec des modifications. Le Roi crut devoir l'annuler tout-à-fait. Il fut aidé par une partie de l'armée et par une coterie de Grands. L'intérêt qu'avait excité sa captivité, et l'attachement de la vieille Espagne pour l'ancienne monarchie, concoururent au succès de son entreprise.

Ferdinand ne se borna point à anéantir la constitution de 1812; il sévit contre les chefs du parti populaire, essayant de relever le gouvernement absolu légué à ses aïeux par les descendans de Charles-Quint : ce n'était plus le même siècle, et ce n'étaient plus les mêmes hommes. En annulant cette constitution, le Roi avait promis de convoquer les anciens Cortès, pour établir, de concert avec eux, une autre forme de gouvernement. La non-exécution de cette promesse, et des proscriptions répétées, excitèrent un mécontentement général. A peine un Prince guerrier, sûr de ses soldats, eût-il affronté les conséquences d'une conduite si impopulaire et si violente! Vouloir gouverner de son cabinet, avec les mobiles usés de la vieille Espagne, et au sortir d'une guerre qui, assurant l'indépendance de la nation, avait enflammé toutes les passions politiques, était une vue aussi fausse que pernicieuse, un système sans appui et sans base.

Il fallait créer de nouveaux mobiles : Ferdinand n'y songea même pas. On eût dit qu'il n'existait plus d'élémens royalistes dans les Espagnes; qu'il n'y avait plus ni grands, ni évêques, ni propriétaires, ni citoyens dévoués à la couronne, dont on pût composer des Cortès monarchiques, convoqués avec les modifications réclamées par les circonstances et par la disposition des esprits? Était-il donc si difficile de mettre la royauté en sûreté au milieu d'une représentation et d'une armée dévouées, qui eussent tenu en bride les agitateurs, les démagogues, et les ambitieux. La politique de Louis XVIII, à la seconde restauration, aurait dû servir de modèle à Ferdinand. Les révolutionnaires s'attendaient peu en France à une *Chambre introuvable*, et à une garde royale de vingt mille hommes d'élite, fidèles au monarque et à sa famille. Avec ces deux mobiles et des ministres de bonne foi, Ferdinand eût pu braver et déjouer toutes les trames. Peut-être fut-il arrêté par l'exemple du malheureux Louis XVI, qui avait péri pour avoir accepté la révolution; il crut apparemment n'en devoir rien admettre, comme s'il y avait des maximes et des règles de conduite absolues en politique! La guerre civile perdit Charles Ier, elle eût sauvé Louis XVI; Henri IV transigea avec les factieux; Louis XIII, en l'imitant, eût été détrôné.

Entouré des anciens Cortès qui avaient fait fleurir l'Espagne pendant tant de siècles, Ferdinand eût été éclairé dans le choix de ses généraux et de ses ministres : c'était le vœu que formaient tous les penseurs royalistes de l'Europe, vœu dont le vicomte de Châteaubriand était l'organe dans ses écrits pleins de force et d'éloquence. Gouverner dans un autre système, était impraticable pour Ferdinand VII. Si Louis XVIII, au lieu de régner en père, au lieu de nous rendre nos libertés, eût gouverné en Monarque absolu, peut-être Ferdinand eût pu régner de même sur les Espagnols; mais l'exemple de la France était contagieux.

Des Ministres, hommes d'Etat, auraient dû représenter à Ferdinand qu'il ne restait plus aux Rois que deux manières d'exercer le pouvoir : ou en Princes absolus, mais éclairés et actifs, toujours à cheval, l'épée à la main à la tête de leur armée, et sûrs de leur armée; ou en Princes équitables, mais politiques, amis d'une liberté sage, se mettant franchement à la tête des royalistes pour s'en faire un rempart et en régler le zèle. Dans l'état de troubles et d'hostilité où est l'ordre social, les Rois ne peuvent plus être préservés des attentats révolutionnaires que dans l'un de ces deux systèmes et dans l'une de ces deux positions. Nul doute que le gouvernement représentatif ne soit préférable dans un Etat bouleversé, qui fume encore des feux de la guerre et des commotions intestines. Telle était la situation de l'Espagne à l'époque du rétablissement de Ferdinand VII. Que d'habileté et de ménagemens n'eût-il pas fallu, non-seulement pour se maintenir, mais pour cicatriser les plaies de l'Etat! Malheureusement ce Prince fut égaré par des conseillers incapables ou perfides. Ce qui aggrava sa position, ce furent les progrès que firent en France les idées et les principes révolutionnaires, à compter de 1817 jusqu'en 1820, moins à la faveur de la Charte, que par l'impulsion clandestine d'une faction ennemie de la légitimité; ces idées et ces principes se propagèrent avec rapidité dans toute l'Europe. L'Espagne qui fermentait sourdement, les reçut avec avidité, car malgré les formes et les allures du despotisme, elle n'avait plus pour barrière ni inquisition, ni Pyrénées.

Pendant quatre ans, on fut signalé, repoussé, proscrit en France, pour peu qu'on aimât et qu'on voulût défendre la Monarchie. Le déchaînement contre le roi d'Espagne y devint contagieux, surtout parmi les révolutionnaires. Dès qu'on vit ce Prince, issu de la noble famille qui nous gouverne depuis tant de siècles, s'efforcer de préserver son peuple du fléau des révolutions, on l'outragea journellement dans des écrits mis au jour sous une influence connue et funeste. Nos libéraux qui voulaient renverser toutes les légitimités, se déclaraient hautement les protecteurs des colons espagnols soulevés contre leur Roi. Tous les jours, ils abreuvaient d'insultes les Monarques dont la politique repose sur des bases étrangères à l'esprit de révolution qui a dévasté et qui dévaste l'Europe. C'était le roi d'Espagne surtout qui était en butte à leurs invectives. Soutenir, préconiser la révolte de ses provinces d'Amérique, était leur thême quotidien.

Livrée à des conseillers incapables, exposée à tous les égaremens de l'esprit du siècle, la monarchie espagnole, jadis si bien organisée, tombait en lambeaux. Ses colonies lui échappaient par la révolte ou par la conquête. Dans l'intérieur, nul commerce, nulle industrie, nul crédit public; les finances dans un délabrement complet, le papier de l'Etat réduit à sa valeur intrinsèque; la force essentielle de l'Espagne, sa marine, s'affaiblissant même des renforts que la Russie vendait à son gouvernement; l'armée négligée, confiée à des chefs équivoques, murmurant, et regrettant même les conspirateurs arrachés de ses rangs pour être envoyés à l'exil ou à la mort ; vingt mille exilés demandant leurs propriétés, leur famille, leur patrie ; les *présides* remplis des plus énergiques défenseurs de la constitution libérale ; des proscriptions successives usant même le despotisme. Et cependant la faction révolutionnaire n'était que comprimée ; elle se confédérait, et se recrutait dans l'ombre, avec une constance et un mystère qui tôt ou tard amènent le succès. La Cour et le gouvernement languissaient dans l'irrésolution et l'apathie. Le seul cabinet du Prince était actif, mais épié et mal avisé. Errante de ministère en ministère, la confiance royale ne s'arrêtait nulle part ; aussi rien de stable ; les projets remplacés par d'autres projets ; les conspirations toujours étouffées, mais toujours renaissantes. Rien d'efficace n'était opposé aux progrès occultes d'une secte qui, à la faveur du mécontentement public, étendait ses ramifications dans toute la Péninsule, ses connivences à Londres et à Paris. Et pourtant le royalisme se mourait à Madrid. Si pendant quatre ans il fut écarté et persécuté en France par la perfidie, en Espagne il fut étouffé par le despotisme. La révolte des deux Ame riques, et quatre conspirations militaires avortées, préludèrent à l'explosion que la Cour ne sut ni prévoir ni prévenir.

Le siége du mal était dans l'armée, et on la rassembla devant Cadix, foyer de la contagion révolutionnaire. Là, on laisse les troupes se morfondre dans l'oisiveté, l'abandon et le dénùment. Leur embarquement pour l'autre hémisphère, eût peut-être sauvé la monarchie et retardé sa séparation. Mais toujours la faction occulte y mettait obstacle; une partie du conseil conspirait. Il est notoire que trois ministres livraient le Roi, et que plusieurs généraux trempaient dans la conjuration. N'a-t-on pas vu l'un d'eux, d'Abisbal, s'en vanter publiquement avec le cynisme le plus effronté?

On avait vu aussi Necker et ses adhérens conspirer, en 1788, contre la monarchie, dans le conseil même du roi de France; mais ouvertement, et pour ainsi dire d'une manière légale, en sacrifiant la noblesse et en plaçant le Roi dans les intérêts de la cause populaire. Le caractère de la conspiration espagnole, fut la duplicité et la trahison. Elle éclata au mois de janvier 1820, dans l'armée expéditionnaire, cantonnée à la vue de Cadix; elle éclata, dit-on, par l'impulsion d'un comité directeur siégeant à Paris, et qui, désespérant d'effectuer sa propre révolution par des moyens constitutionnels, donna le signal de l'embrasement de l'Europe. Dans le plan général, l'Italie et la Grèce devaient suivre beaucoup plutôt l'exemple de l'Espagne; on comptait aussi sur Berlin. Par-là, on croyait non-seulement imprimer la terreur aux monarchies assaillies et les désorganiser, mais occuper et distraire la Sainte-Alliance, afin de n'avoir pas à redouter, dans les trois monarques du Nord, une troisième croisade, qui pouvait tout compromettre. C'est ainsi que les chefs de la conjuration universelle espéraient rester maîtres du pouvoir à Madrid, et successivement à Lisbonne, Paris, Naples, Rome, Milan et Turin. Un attentat horrible fit crouler par sa base cette machination si vaste et si profonde. Le drame affreux du 13 février, où fut répandu le sang d'un fils de France, devant l'Opéra de Paris, avait eu pour prologue la révolte des soldats de l'île de Léon; tous les yeux, alors fixés sur l'Espagne, se tournèrent pleins de douleur et de larmes sur l'auguste victime égorgée par un séïde révolutionnaire. La France indignée secoua le joug des conspirateurs ; l'Espagne seule fut poussée dans l'abîme!

Ferdinand VII, menacé par une insurrection militaire, resta indécis. Quel moyen de salut lui restait-il, sinon dans des mesures extraordinaires et promptes, dans un mouvement militaire royaliste? Il aurait dû marcher incontinent contre les rebelles, ou se mettre à la tête d'une armée de réserve imposante. Si les généraux qui allèrent combattre en son nom les révoltés, avaient su le roi dans un camp ou à cheval, au lieu de le savoir morne dans son palais ; s'ils l'avaient su entouré d'une garde fidèle, de ministres dévoués, de quelques régimens travaillés de royalisme, grossis par un appel énergique, fait aux vrais serviteurs de la monarchie, ils eussent mieux servi sa cause, et ceux même qui la trahirent fussent restés dans le devoir. Avec une force militaire mobile et sûre, le Roi aurait pu, sinon maîtriser les événemens, du moins se mettre à l'abri des embûches, des perfides, qui l'enveloppaient de prestiges et de terreurs dans son propre palais, pour en faire et le premier instrument et la première victime de la révolution libérale. Des imputations sévères ont représenté ce Prince comme dénué d'énergie et de courage, ayant laissé passer le pouvoir dans les mains des conspirateurs. C'était la personne du Roi que ceux-ci voulaient d'abord subjuguer, pour lui faire sanctionner les funérailles de la monarchie. La même tactique n'avait-elle pas été employée avec succès contre l'infortuné Louis XVI, par les révolutionnaires en 1789 ? La France était encore trop royaliste alors, pour qu'on pût rien attenter contre la personne du Roi. Il fallait simplement l'asservir, sauf à l'égorger deux ou trois ans plus tard, quand la révolution serait plus grande et plus forte. Ces traditions n'avaient rien perdu de leur première fraîcheur, après un laps de plus de trente ans; une suite de catastrophes et de désastres, devait être amenée par les mêmes causes. Madrid nous a offert en 1820 le même plan, le même but, le même exemple que Paris en 1789. Pendant les deux mois que durèrent les évolutions des révoltés de Cadix, telle fut l'habileté des traîtres qui environnaient Ferdinand, que ce malheureux Prince, toujours détourné d'adopter aucun parti énergique, ne sut mettre ni sa couronne, ni sa personne en sûreté. La triste ressource de l'émigration lui fut même ravie : le jour où il prêta serment à la constitution des Cortès, qu'il avait solennellement répudiée en 1814, il ne fut plus en réalité que le prisonnier des conspirateurs. Ici va s'ouvrir une nouvelle scène.

Non-seulement la faction triomphante resta maîtresse de la personne du Roi, mais elle s'empara aussi des forces de terre et de mer, du commandement des provinces, de toutes les branches de l'administration. Elle domina le conseil, elle maîtrisa les tribunaux, elle s'empara de l'opinion publique par la voix de la presse. La révolution avait d'autant plus de force et d'énergie, qu'elle était à la fois militaire et civile. D'un côté elle était proclamée et soutenue par des officiers, des soldats, des généraux qui avaient pris part à la guerre nationale; de l'autre elle satisfaisait l'intérêt, l'ambition, la cupidité d'un certain nombre de légistes, de commerçans, de bourgeois et de nobles, qui, pendant les six années d'interrègne, avaient exercé le pouvoir, et qui depuis s'étaient vus écartés ou froissés par le rétablissement de l'autorité du monarque. La réaction fut complète : on vit les royalistes dénoncés, poursuivis, emprisonnés, livrés aux tribunaux sous le nom odieux de *serviles*, comme on les avait vus en France, proscrits ou massacrés sous le nom d'aristocrates.

La réunion des Cortès présenta bientôt le foyer d'une assemblée unique, sans contre-poids légal, et dont l'ascendant révolutionnaire fut irrésistible. Elle balança un peu l'influence du mouvement militaire commencé devant Cadix par deux colonels, Riégo et Quiroga, jusqu'alors ignorés et obscurs. L'un, pendant la crise, était resté renfermé dans l'île de Léon, se bornant à y arborer l'étendart de la révolte ; l'autre en était sorti à la tête d'une colonne de quinze cents hommes, pour soulever l'Andalousie ; mais sa troupe, quoique poursuivie mollement, avait été presqu'entièrement anéantie ou dissipée par les troupes royales. Ils étaient l'un et l'autre dans une situation désespérée, quand les affiliés de Madrid, à l'aide d'un nouveau mouvement imprimé à la Corogne, parvinrent à effrayer, à subjuguer leur Roi sans défense. Tels étaient les deux héros du jacobinisme militaire espagnol; on leur décerna des récompenses et des honneurs, car à Madrid comme à Paris, c'est de l'or et du pouvoir que veulent les entrepreneurs de révolutions.

Le parti royaliste ne s'étant montré nulle part, n'en fut que plus facilement asservi. S'inquiétant moins de la monarchie que de leurs richesses, les Grands d'Espagne, pendant et après l'événement, se tinrent à l'écart dans une honteuse inaction. Au moins en France, la noblesse délaissée par la couronne, proscrite par les factieux, émigra d'abord, et prit les armes ensuite, pour défendre sa cause et celle de son Roi. Le clergé de France essaya aussi, avec autant de zèle que de courage, de résister au torrent. Seul, le clergé espagnol a montré le même esprit d'opposition aux progrès du pouvoir révolutionnaire; aussi a-t-il été exposé le premier aux foudres des ennemis de la religion et des Rois. On a sur-le-champ attenté à ses biens.

Il était visible que la constitution des Cortès n'était que l'organisation d'un gouvernement transitoire, calculé pour les circonstances et même pour les personnes; que sous les dehors d'une démocratie excessive, et inexécutable, elle tendait à concentrer l'autorité entre les mains d'une seule assemblée peu nombreuse, favorable au secret, ayant une action unique et perpétuelle, renouvelée par des élections au fond très-oligarchiques : point de balance de pouvoir, point de représentation des divers intérêts sociaux; au total, une dictature partagée qui, selon les temps et les hommes, doit se dissoudre si elle reste constitutionnelle, ou se dévorer par sa propre action, si elle devient tyrannique.

Le parti dominant débuta par un acte d'oppression, en réduisant à une véritable condition d'îlotes, ou plutôt à celle des parias de l'Inde, soixante-neuf membres des Cortès précédens, qui, à la rentrée de Ferdinand, avaient protesté en faveur de l'autorité royale, et auxquels depuis on avait donné le nom de Perses. C'était infliger à la loi un effet rétroactif; c'était introduire dans la législation, en y créant l'arbitraire, un germe de représailles; c'était faire une loi contre soi-même; c'était dresser l'arrêt de sa propre condamnation. C'est avec ces doctrines, que la Convention nationale était devenue l'effroi de la France et de l'Europe.

Bientôt l'esprit d'oppression entraîna la majorité des Cortès, et tout fit pressentir que les libertés de la nation espagnole seraient avant peu envahies. Et alors quel affligeant spectacle allait offrir ce peuple, qui, après avoir étonné l'univers et préparé à la postérité un magnifique objet d'admiration, tant qu'il avait défendu son indépendance contre un ennemi extérieur, la perdrait tout entière sous le joug de quelques dominateurs démagogues.

Nos constitutionnels de 1791 avaient enlevé à Louis XVI toutes les prérogatives attachées à la dignité royale. Dès la première réunion des Cortès, on fit sanctionner à Ferdinand les mêmes concessions. La suppression des ordres religieux, l'abolition des majorats, ne furent que la traduction des décrets rendus en France par les premiers révolutionnaires. Louis XVI avait été arraché de sa résidence de Versailles, pour être conduit triomphalement prisonnier aux Tuileries. L'adresse de la municipalité de Madrid, sous la date du 22 novembre 1820, peut figurer avec tous les actes officiels du trop fameux 6 octobre : il n'y manquait que des têtes coupées, que des piques surmontées de trophées sanglans; mais l'agitation, les trames, les signes anarchiques étaient les mêmes. Ces rubans, avec l'inscription : *la constitution ou la mort*, qu'attachent à leurs chapeaux les démagogues de la Péninsule, et dont leurs femmes font leur parure, ne sont qu'une imitation de nos rubans à la devise : *vivre libre ou mourir*; ces chansons patriotiques, dont le refrein est *liberté*, ne sont que la traduction de celles que nous avons entendues dans notre première effervescence; ces cris : *à bas les moines, à bas les nobles*, ne sont que l'écho de ceux qui ont été si long-temps parmi nous les sinistres précurseurs des incendies et des massacres. La première représentation faite au roi d'Espagne, et dans laquelle on remarque ce passage : « Le désordre part de votre maison, de votre » aumônerie, de ceux qui feignent le plus » d'attachement à votre personne sacrée, » ne fut-elle pas calquée sur les insolentes injonctions faites à Louis XVI, pour qu'il éloignât de sa personne ceux de ses serviteurs auxquels il était le plus attachés, et dont on lui avait aussi *imposé le sacrifice le plus douloureux à ses sentimens.* Telles furent les propres paroles de Ferdinand, en annonçant aux Cortès le renvoi de son confesseur et de son majordôme. La dislocation des troupes préposées à sa garde ne fut-elle pas également opérée dans la maison militaire du roi de France, en 1790? Enfin, le palais de Madrid, n'est-il pas ce que fut le palais des Tuileries, une maison d'arrêt? Ainsi, en faisant des concessions à ses sujets révoltés, Ferdinand avait déposé pour ainsi dire le sceptre, et livré sa couronne.

On vit en Espagne, comme on l'avait vu en France, une minorité séditieuse, formant à peine les trois centièmes des habitans, dicter des lois à la nation, et après avoir contraint le Roi d'accepter la constitution de 1812, sans aucune modification, forcer les Cortès eux-mêmes, contre le vœu secret de leur propre majorité, à renverser de fond en comble toutes les anciennes institutions; on la vit exercer son despotisme sur les propriétés, les dignités, les emplois, les personnes et les opinions ; poursuivre d'une manière atroce ceux qui paraissaient senlement désapprouver ce système désastreux. Peut-il exister une plus révoltante oligarchie, que celle qui pèse sur la masse d'une nation tremblante et sans défense et qui lui est imposée par une minorité résolue et armée ? Etablissez le principe de la souveraineté du peuple, et vous justifiez toutes les usurpations de ce genre. Ce dogme met la constitution espagnole en opposition avec les principes essentiels de toute société, en contradiction avec elle-même, et en guerre permanente avec les gouvernemens légitimes.

Le parti dominant crut se débarrasser des officiers généraux les plus exaltés et les plus dangereux, en leur conférant des commandemens dans les provinces. Riego, par exemple, devenu si cher aux démagogues, pour avoir ajouté aux machinations contre son Roi l'outrage et l'insulte, fut envoyé en Aragon. La Navarre était comme échue à Espoz Mina, surnommé le héros de la Navarre, pour y avoir fait une guerre de brigandage pendant l'invasion française ; c'était l'un des chefs principaux du parti jacobin militaire, lié plus particulièrement avec les coryphées du parti libéral de Paris. D'autres généraux, tout aussi forcenés, agissaient plutôt en chefs de parti, qu'en officiers délégués par le Roi dans les commandemens qui leur étaient décernés. Le seul Quiroga, uniquement célèbre par sa révolte de l'île de Léon, se fit courtisan, et parut vouloir éluder toute occasion de s'éloigner de la capitale.

La même faction nommant dans les provinces, des chefs politiques, pour y être les dépositaires et les régulateurs du pouvoir nouveau, épia les fonctionnaires publics, alluma les passions populaires, organisa les émeutes contre les royalistes et les mécontens, prononça et effectua les incarcérations, dressa des listes de proscrits, en un mot exerça toute la dictature révolutionnaire. On voyait clairement que les libéraux espagnols avaient retenu les leçons de tyrannie données avec tant de fracas et de cruauté par la Convention, par le Comité de salut public, par le Directoire et par le Gouvernement impérial : tant il est difficile au pouvoir dont la source est criminelle, de s'exercer autrement que par des actes d'oppression!

La pénurie des finances étant la plaie la plus sensible de l'Etat, c'était de l'argent qu'il fallait aux régénérateurs de l'Espagne. Ils choisirent Paris, réputée alors la métropole du libéralisme, pour y ouvrir un emprunt. A cet effet, les habiles de Madrid accréditèrent le comte de Torreno, principal meneur des Cortès, et chef de la faction civile. C'était d'ailleurs un prétexte si naturel de conniver avec les libéraux d'un royaume voisin si tolérant, dont les ministres affectaient pour les affaires de la Péninsule la plus froide insensibilité. Le comte de Torreno vint à Paris s'aboucher avec tout ce que Paris renferme de plus marquant, de plus influent dans le parti révolutionnaire. Si l'emprunt fut décrié par les royalistes, il fut prôné, protégé et rempli par les affiliés et les intéressés. L'Espagne libérale eut bientôt une caisse, un trésor grossi par les dépouilles des églises, par la vente des biens dits nationaux, et, par un système de déprédations. Elle eut aussi une propagande à l'instar de l'ancienne propagande des jacobins de Paris. Nous verrons tout à l'heure quel usage firent de ces ressources les apôtres et les fauteurs de la révolution de Madrid.

Après avoir forcé le Roi d'éloigner ceux de ces serviteurs qui lui inspiraient le plus de confiance ils répétèrent à Madrid contre ce prince tout ce qui s'était fait à Paris contre le malheureux Louis XVI. Non-seulement le Roi, mais toute la Maison de Bourbon fut insultée dans des émeutes où se faisaient entendre des chants frénétiques tels que *laïron*, *laïron*, *muera todo Borbon*, (ça ira, ça ira, périssent tous les Bourbons). La maison royale de France fut outragée d'une manière atroce vers la fin de janvier 1821 sur le théâtre appelé du *Prince*. On y représenta aux yeux de nombreux spectateurs le forfait du 21 janvier. Le couronnement du buste de Riégo forma la petite pièce. Ce fut comme le prélude d'une scène horrible. Le 4 février suivant, dans une nouvelle émeute combinée, des brigands lancèrent des pierres sur la voiture du Roi en criant: *Muera el Rey*; ils attaquèrent ensuite ses gardes-du-corps, provoquant par des clameurs leur licenciement qu'ils obtinrent après avoir fait emprisonner les plus fidèles d'entre eux : car il fallait que les tribulations de Ferdinand eussent aussi cette conformité avec les persécutions suscitées à Louis XVI. Ces événemens avaient une secrète connexion avec d'autres événemens qui se préparaient hors de l'Espagne.

Depuis l'attentat du 13 février, le mouvement rétrograde de la France dans la carrière des révolutions, contrariait trop la *marche du siècle* pour que les révolutionnaires de Madrid, de concert avec ceux de Paris et de Londres, ne fissent pas quelques efforts, afin d'embraser le midi de l'Europe. Naples, Lisbonne et Turin, répondirent successivement à leur signal de révolte. L'influence espagnole fut visible dans ces trois capitales; à Turin surtout, les intrigues de l'ambassadeur d'Espagne (Bardaxi), pour faire prévaloir la constitution des Cortès, ne purent se dérober à l'investigation la plus superficielle. Des mouvemens correspondans eurent lieu près de nos frontières, dans la Navarre, où commandait Espoz Mina. Lié avec tous nos révolutionnaires il tint parole à ses *Amis* de France. Au moment même de la révolte du Piémont et de la sédition de Grenoble, il forma deux corps de l'autre côté des Pyrénées, composés de militaires français ennemis déclarés de la maison royale. C'etait avec ces transfuges, portant la *cocarde tricolore*, qu'il espérait soulever le midi de la France, et y tenir au moins en échec les nombreux partisans des Bourbons. Mais la France resta immobile, la majorité de sa représentation étant redevenue royaliste comme en 1815 et en 1816. Sans ce changement important dans son système représentatif, elle était perdue, et l'Europe entièrement bouleversée. Les misérables résultats des entreprises anarchiques de Naples et du Piémont, la fermeté du roi Charles Félix, les succès de l'Autriche et l'immobilité de la France, ne changèrent rien à l'état politique de la Péninsule; elle resta livrée à l'esprit d'insubordination et de révolte.

Les souverains qui s'étaient réunis d'abord à Tropau, puis à Laybach, pour éteindre en Italie le feu des révolutions, eussent désiré qu'au moment même où l'armée autrichienne marchait sur Naples, le chef de la maison de Bourbon eût montré quelques forces sur les frontières d'Espagne. Cette seule démonstration eût peut-être raffermi Ferdinand VII sur son trône; car, de même que les rois de Sardaigne et de Naples, il n'avait pas à lutter contre une révolution nationale, mais contre une conspiration. Un tel plan contrariait trop le système d'immobilité adopté par le ministère français d'alors. Les révolutionnaires de Madrid ne l'ignoraient pas. Ils se vantèrent, dans l'assemblée même des Cortès, qu'ils avaient la France pour avant-garde contre les souverains signataires de la déclaration de Laybach. En effet, le ministère par une démarche insidieuse, avertit, dit-on, les souverains réunis que s'ils avaient en vue de rétablir le roi d'Espagne comme ils avaient rétabli le roi de Naples, et en faisant passer une armée d'Italie en Espagne par notre territoire, ils compromettraient l'existence de la dynastie française. On ajoute que l'empereur Alexandre dit à ce sujet : « Le mi» nistère français est bien pressé d'avoir » peur, » témoignant ainsi son étonnement de ce que les ministres du Roi supposaient par leurs dépêches des desseins qui ne leur avaient pas été communiqués.

La conduite du ministère français au sujet de l'Espagne excita les clameurs des royalistes : « Nous prouverons quand il en sera » temps, dirent-ils, par des faits positifs, » que si le roi d'Espagne dépouillé de toute » son autorité ne l'a pas recouvrée en » même temps que le roi de Naples, les » Cortès en ont toute l'obligation au mi» nistère, qui a préféré les intérêts révolu-

» tionnaires à la cause de la civilisation et
» de la chrétienté. S'il eût été mû par des
» motifs de gloire et de saine politique, il
» se serait empressé de concourir à étouffer
» la révolution en Espagne, et il nous eût
» fait reprendre notre considération en Eu-
» rope. » Ne se bornant pas à des plaintes
amères, les royalistes posèrent aux ministres ce dilemme : « Ou vous ne voulez
» pas rétablir l'ordre en Espagne ou vous
» ne le pouvez pas. Si vous ne le voulez pas,
» vous compromettez les intérêts de la
» France monarchique et vous trahissez
» l'Europe qui a rétabli notre Roi sur son
» trône; vous trahissez les intérêts les plus
» chers de la maison de Bourbon; vous
» abandonnez tout le fruit de la politique
» du plus puissant de nos Rois; enfin vous
» sacrifiez le commerce de vingt départe-
» mens de la France, et vous exposez nos
» frontières à l'irruption des bandes anar-
» chiques. Si vous ne le pouvez pas, vous
» êtes forcés d'avouer qu'une telle impuis-
» sance est le résultat de votre déplorable
» système. » Les partisans du ministère alléguaient que la France, encore toute couverte de blessures, ne pouvait s'exposer au moin-

dre choc sans risquer de périr. Ils les excusaient de s'être bornés à ouvrir des relations avec les fauteurs de l'anarchie tyrannique qui désolait l'Espagne dans l'espoir de les adoucir, de les amener à des concessions favorables au maintien de l'autorité royale, et d'introduire, par les voies de la diplomatie, dans la constitution espagnole des changemens qui l'eussent rapprochée davantage de la constitution française. D'autres, à portée d'être mieux informés, attribuaient ces démarches moins au ministère qu'au personnage qui représentait le roi de France à la cour de Madrid. Pressenti, le ministère espagnol qui était sous l'influence des factieux resta inébranlable. Il n'y avait plus de recours que dans la formation d'un autre ministère constitutionnel. Tel fut le parti auquel s'arrêta Ferdinand VII, et qu'il parvint à mettre à exécution malgré la brigue des Cortès et des principaux chefs de la révolution de 1820.

Les royalistes castillans s'étaient enhardis, croyant à une prompte intervention que le ministère français déclinait avec tous les subterfuges de la diplomatie. Ils eurent recours au moyen violent de l'insurrection ; mais, dans des entreprises mal concertées, sans être ni avouées, ni soutenues, n'ayant pour chefs que des curés intrépides, ou des contrebandiers audacieux. Ces tentatives décousues ne firent qu'aggraver leur situation. L'acte adopté par les Cortès dans les séances du 15 et du 16 avril 1821, qui livrait tout Espagnol prévenu de conspiration ou de machination contre la Constitution, à la justice prévotale et militaire, peut être comparé aux décrets les plus violens de la Convention. De plus en plus irrités, les révolutionnaires se précipitèrent aveuglément dans les excès d'une démocratie féroce. Quand ils virent le roi changer de ministres, et les Cortès ordinaires terminer leur session, ils s'inquiétèrent de ce que le gouvernement était à la veille de suivre une marche un peu plus indépendante. Ils résolurent alors d'avoir recours à la terreur et aux émeutes pour forcer le roi de convoquer les Cortès extraordinaires : la crise fut convulsive. Pour imprimer encore plus l'effroi, ils décident de massacrer le prêtre Venueza, arrêté au commencement de 1821 parce qu'il répandait parmi le peuple des proclamations contre les tyrans de son pays. Des assassins soudoyés pénètrent dans sa prison et le trouvent à genoux devant un crucifix et une image de la vierge ; il venait d'entonner le *credo* quand un dernier coup de massue envoya cette ame résignée à la source de tout bien. Fidèles imitateurs des *septembriseurs* de Paris, les assassins passent de la prison du malheureux Venueza, qu'ils viennent d'immoler, à celle ou était enfermé le chef des guérillas royalistes *l'Abuelo* pour le massacrer aussi. Un simple caporal à la tête de quatre hommes empêche les brigands de consommer ce nouveau crime.

L'exaltation la plus fougueuse animait les bandits révolutionnaires réunis à la *Fontana d'Oro*. On n'y parlait que de déposer le Roi, de changer la constitution, de proclamer la république, de massacrer tous les royalistes. Le Roi crut ôter tout prétexte aux émeutes en convoquant les Cortès extraordinaires.

Vers cette époque, les révolutionnaires espagnols parurent se diviser entre eux, inconvénient inévitable pour toute faction qui triomphe.

Dès l'origine, on avait aisément démêlé en Espagne deux classes de libéraux, de même qu'à Paris, en 1790, on avait remarqué deux sectes de patriotes, les modérés et les enragés, les constitutionnels et les jacobins. Mais dans les deux pays l'apparente modération des premiers n'a tenu, et ne tient qu'à la différence de leur position ; elle n'est d'ailleurs que comparative. A Madrid comme à Paris, les constitutionnels qui s'étaient emparés du pouvoir, n'avaient d'autres vues et d'autre but que de le garder, afin d'exploiter exclusivement l'État, au profit de leur cupidité et de leur ambition. Formant la *députation permanente*, dont le principal objet est de surveiller la conduite du gouvernement c'est-à-dire de gouverner, ils avaient rempli le conseil d'État et le ministère de leurs créatures, et avaient fait nommer la majorité des chefs politiques.

Sûrs de dominer dans les Cortès, et jusque-là ayant disposé du ministère à leur gré, les constitutionnels espagnols ou révolutionnaires de la faction civile, crurent aussi gouverner avec un fantôme de Roi. Ils ne s'attendaient pas à la lutte que leur préparait la faction des *communeros* (républicains et jacobins), à laquelle se joignit la faction militaire qui aspirait aussi à compléter la révolution, c'est-à-dire à renverser tout-à-fait le Roi et la monarchie. Ces derniers veulent se saisir du pouvoir en l'arrachant aux constitutionnels. La scission, parmi les révolutionnaires d'Espagne, fut presqu'en tout semblable à la scission des constitutionnels et des jacobins en France, pendant les années 1791 et 1792. En Espagne, elle s'est prononcée et aggravée plus rapidement qu'en France, sans même avoir besoin du prétexte d'une agression étrangère : là, toutes les passions, et les passions politiques surtout, sont plus marquées et plus violentes. A tant de traits de ressemblance entre les deux révolutions, joignons encore celui-ci : Paris a eu ses *sans-culottes;* Madrid a ses *escamisados* (sans-chemises) qui servent, comme servaient jadis les sans-culottes parmi nous, d'instrumens et de satellites à une démagogie sanguinaire.

Mais déjà les constitutionnels redoutaient l'influence toujours croissante des sociétés qui sous le nom de *communeros* s'étaient établies de toutes parts; qui, fortifiées par une partie de l'armée, et conduites par des conspirateurs, devenaient complices des attentats les plus coupables.

Le parti qui voulait encore du Roi, fit dans le général Morillo, de retour d'Amérique, l'acquisition d'un officier ferme, capable et aguerri. Antagoniste de Bolivar, chef heureux de l'indépendance américaine, Morillo n'en avait pas moins défendu avec autant de zèle que de courage, la cause de la métropole et de la couronne. Aussi son nom, justement célèbre, était-il déjà redouté des perturbateurs de la Péninsule. Pourvu du commandement de Madrid, et honoré de la faveur du Roi, il tint tête aux factieux, fit échouer des tentatives de bouleversement, et n'eut qu'un instant de faiblesse, qui lui fit donner sa démission. Réintégré bientôt, il aida les chefs constitutionnels à fermer l'antre du jacobinisme espagnol, la *Fontana d'Oro*, où se rassemblaient les hommes les plus emportés du parti anarchiste. On parvint même à suspendre, dans les provinces, la tenue publique des sociétés populaires. Mais ces actes partiels de répression, ces palliatifs n'atteignaient pas le mal dans sa source. L'Etat était rongé par une plaie incurable. Le parti gouvernant, dominé lui-même par les idées libérales, ne prenait que des demi-mesures; loin d'oser ou de pouvoir sévir contre les démagogues, il n'employait que les ménagemens, et s'efforçait de les gagner, soit par des largesses, soit par de nouveaux emplois qui leur donnaient encore plus d'audace, plus de moyens d'ourdir et de suivre leurs funestes complots. C'était la guerre entre la France monarchique et l'Espagne révolutionnée, que rêvait ce parti, dont Riego et Mina se déclaraient les chefs. Le foyer du nouvel incendie était entretenu à Saragosse, à Pampelune, à Barcelonne, à Cadix et à Séville. La Navarre et l'Aragon, où commandaient Mina et Riego, devinrent, ainsi que la Catalogne, le réceptacle de tous les aventuriers, de tous les bannis et de tous les transfuges de la France et de l'Italie; leurs projets ne furent pas même déguisés. Au moment où parut l'impudent et ridicule manifeste de Cugnet de Montarlot contre le gouvernement des Bourbons, Riego et Mina faisaient des mouvemens qui ne laissaient plus aucun doute sur leurs vues hostiles. Ils étaient à la veille de s'emparer dans ces deux provinces de toute la puissance publique; ils étaient tout prêts à réunir sous leurs ordres une armée de fanatiques et de brigands, pour marcher dès-lors, non-seulement sur Madrid et y détrôner Ferdinand, mais encore sur la France même, avec le drapeau tricolore, dans les plis duquel, selon l'expression d'un de nos plus éloquens magistrats, ils nous eussent apporté la guerre, la peste et l'anarchie.

Mais soit que l'entreprise fût prématurée, soit que le nouveau ministère espagnol fût sur ses gardes, Riego et Mina trouvèrent une forte opposition dans les chefs politiques de leurs provinces, et dans les mesures du gouvernement. On se contenta, car on n'osa point sévir, de changer le commandement des deux généraux, d'envoyer l'un à Lérida, l'autre à la Corogne, pour rompre et déconcerter les trames des conspirateurs. Par là, le parti dominant ne fit que suspendre et retarder l'explosion. Dans ces graves conjonctures, que faisait le ministère français? il restait immobile. Sans être ni abattu, ni affaibli, le parti des *communeros* renoua ses intelligences, et cimenta sa ligue avec plus d'audace encore. On l'eût même vu agir incontinent, sans l'effroyable peste qui, dépeuplant Barcelonne, jeta l'effroi dans toute l'Espagne orientale. L'héroïque patrie de Pélage et du Cid devint tout à coup la proie de deux fléaux. L'un chassé de France, réfugié sur les bords de l'Ebre et du Tage, avait dégradé la majesté royale et bouleversé l'Etat. L'autre venu d'Amérique menaçait sa population. Sur ces deux calamités vint planer l'ange exterminateur. Il frappa les murs de Barcelonne, d'où partit un cri d'alarme qui retentit dans toute l'Espagne. A ce cri, la peste et la guerre civile fondent sur ses plus belles provinces. Alors plus de lois, plus de chefs ; tout ordre cesse, et, pour conquérir du pain, un peuple de spectres arme ses mains mourantes ; le délire s'empare des esprits, et le désespoir faisant taire tous les sentimens de la nature, le père craint son fils, le frère s'arme contre le frère, l'épouse redoute l'époux, le vieillard expire abandonné. Le clergé et les religieux se montrent seuls des prodiges de charité. Mais rebelles à Dieu, infidèles à leur Roi, les démagogues d'Espagne méprisant la religion de leurs pères, repoussent ses ministres et leurs consolations. Il ne lui fut pas même permis de trouver un seul imitateur dans le royaume catholique, à cet héroïque Belzunce qui dans les murs de Marseille brava la peste malgré son activité dévorante! Des frénétiques, égarés par des maximes perverses, se mirent hors de la religion, comme leurs devanciers en France se mettaient hors de la loi.

Tout un peuple s'exila de ses foyers et de ses remparts, croyant échapper par la fuite à l'inexorable fléau. Mais hélas! que trouve-t-il hors de ses murailles? ses propres soldats armés contre lui-même, le rejetant dans la ville à coups d'épée, à coups de baïonnette, à coups de canon. Il est forcé d'y rentrer; et la famine dispute à la peste ce malheureux peuple dévoué à la mort. Aucune force militaire ne peut d'abord suspendre les progrès de la contagion. La peste ne s'arrête pas dans Barcelonne. De ses murs infectés, elle étendit ses vapeurs mortelles sur Malaga, sur Murcie; Séville même fut atteinte; Tortose périt tout entière. Les cercueils succédaient aux cercueils; l'airain sacré se taisait et les églises restaient muettes. En vain la médecine secourable épuisa-t-elle ses secrets, elle ne reçut que les soupirs des agonisans, les râlemens de la mort. Au milieu de la désolation générale, étaient arrivés de France des courageux médecins, envoyés par la France royaliste. Un sublime dévouement les animait; ils amenaient avec eux l'espérance au milieu de ce peuple de mourans, qui se traînait à genoux vers ceux qu'il nommait ses libérateurs. Ces visages livides se ranimant, la discorde éteignit un moment ses flambeaux; la faux de la mort ne frappa plus à coups si redoublés. A ces héros de l'humanité, se joignirent ces vierges intrépides, ces servantes volontaires des maux de l'indigent, qui, mues par une charité sainte, se vouent à la mort pour borner ses conquêtes. Il fallut laisser triompher la mort. Ni ses ravages, ni l'aspect des cadavres, ni le silence des tombeaux, ne purent imprimer aucune crainte salutaire à ces frénétiques ennemis de Dieu et des Rois. Ils n'en eurent que plus d'activité, plus d'audace pour le crime.

La lutte, entre ceux qui soutenaient le monarque pour s'en faire un rempart et garder l'autorité, et ceux qui voulaient le précipiter dans une catastrophe, pour s'emparer de tous les pouvoirs de l'État, prit un caractère plus décidé et plus effrayant. Les deux partis s'aigrirent par des récriminations réciproques, envenimées dans des écrits publics. Le comte de Torreno, réputé le chef des Constitutionnels, fut signalé, comme cherchant à voiler par des intrigues, un déficit de trente millions de réaux dans le trésor public, et décidé à maintenir au timon de l'Etat des ministres prévaricateurs, impopulaires, ses créatures et ses complices. Selon les suppositions les plus plausibles, cette déprédation énorme aurait pris sa source dans les intrigues et les largesses du cabinet libéral de Madrid, pour cimenter les révolutions de Naples et du Piémont, et pour fomenter des troubles en France. Ce n'était pas contre la destination de ces subsides révolutionnaires, que se récriait la faction, mais contre leur emploi stérile.

Telle était, vers la fin de novembre, la situation respective des deux partis qui se partageaient l'Espagne libérale, quand les jacobins militaires décélèrent ouvertement l'intention d'en venir à la catastrophe finale. Rien ne put les en détourner; ni les ravages récens, ni les traces d'une contagion à peine éteinte. La discorde et la guerre, telle est la diversion impie qu'imaginent les démagogues de l'armée pour assouvir leur ambition.

Riego leur chef, précédé par les émissaires de sa faction, arborant partout le ruban vert qui en est le signe, parcourut les garnisons, les cantonnemens, les places de guerre, faisant partout un appel aux anarchistes, qui, groupés autour de lui, le saluèrent des cris : *Vive l'empereur Riego !* La fière et loyale Espagne, proclama ainsi d'avance pour son dominateur et pour son maître, un Riego qui, pour toute illustration, n'offrait qu'un acte de révolte qui avait failli tourner à sa confusion; que des entreprises anarchiques dignes d'un chef de bandes; que le honteux exploit d'avoir chanté avec une criminelle impudence, à la face de son Roi dépouillé, une chanson régicide. Quelle dégénération de l'esprit castillan ! Quoi ! c'est un Riego que les janissaires de l'Espagne libérale, prétendent élever sur le pavois pour en faire la parodie de notre empereur révolutionnaire! Napoléon n'aurait pour imitateur que des Riego, des Quiroga, des Pépé, des Ansaldi! Du moins son front était ombragé des lauriers d'Arcole et des Pyramides, quand il vint s'emparer du pouvoir, et ce fut au vainqueur de Marengo que l'Empire fut décerné par une armée de braves. La France n'eut point à rougir, mais l'Espagne!.... Mânes de Pélage et du Cid, de Fernand Cortez, et de Gonzalve de Cordoue, sortez de vos tombes illustres, et, au nom de la noble et fière Castille, manifestez votre indignation! Si la subversion de l'Espagne, n'a pu s'opérer que par d'indignes instrumens, espérons que cette terre classique des héros, ne restera pas long-temps frappée de stérilité, et qu'elle en reproduira de nos jours pour le salut de tous. Puissent les épreuves qui lui restent à subir ne pas la déshonorer!

Poursuivons le récit de ses mouvemens anarchiques. La faction jacobine se montrait décidée à l'emporter par la terreur et par la violence. A Saragosse, elle se servit du nom du peuple pour déposer le premier magistrat du peuple et de la province. A Cadix, elle obligea les autorités civiles et militaires à désobéir aux ordres du monarque. En Galice, Mina s'efforça de séduire tous les ordres pour leur faire signer des représentations illégales. A Séville, on ramassa des signatures inconnues ou salariées pour les mettre au bas d'une adresse rebelle. De tous côtés on se déchaîna contre les ministres, contre le Roi et son gouvernement, comme s'ils eussent été imposés par quelque tyran étranger. On leur imputa de prétendus griefs;

les révolutionnaires soutenaient qu'ils peuplaient les tribunaux d'hommes que l'opinion réprouve; qu'ils comprimaient l'esprit public, qu'ils introduisaient le mécontentement dans l'armée, et luttaient ouvertement contre la volonté du peuple. Ces accusations étaient non-seulement dirigées contre le Roi, mais contre le conseil d'Etat, contre la députation permanente, contre les Cortès extraordinaires; ce n'était partout que prétextes pour saper les derniers fondemens du trône.

En effet, la confédération jacobine était bien moins dirigée contre les ministres, que contre le gouvernement monarchique. Après avoir renversé le ministère, elle comptait proposer l'épuration du conseil d'État, puis l'élimination de tous les députés que la faction désignerait comme *serviles*. Ne se bornant point à des pétitions, à des représentations insolentes, elle donnait le signal à Cadix, à Séville, à la Corogne, pour ne plus reconnaître le gouvernement, et commencer la guerre civile. Le chef politique Juregui s'érige à Cadix en commandant général indépendant de la couronne; l'officier général baron d'Andilla, envoyé pour prendre le gouvernement de la province, n'est ni reçu, ni reconnu. A Séville, le général qui y commande prend ouvertement le parti des ennemis du Roi. Mina rassemble les milices aux environs de la Corogne, y paraît avec une attitude hostile, frappe des contributions et prend des ôtages. Le faux bruit de sa marche à la tête de trente mille hommes se répand aussitôt pour effrayer et déconcerter la Cour.

Cependant les Cortès venaient de décider qu'on ne prendrait point en considération les représentations de Séville et de Cadix, pour le renvoi des ministres. Le comte de Torreno prononça un discours à ce sujet, où il démontra combien était criminelle, d'après la constitution, la conduite des autorités locales, qui résistaient aux ordres positifs du gouvernement.

La députation permanente, s'étant réunie aux ministres, arrêta qu'une circulaire serait envoyée à toutes les autorités de l'Andalousie, pour qu'elles n'obéissent en rien à celles de Cadix et de Séville, qui étaient en pleine rébellion. On espérait rompre la coalition menaçante des provinces, dans laquelle entraient la plupart des premières autorités. Les ministres firent aussitôt des changemens notables dans les emplois civils et militaires.

Il était visible que tous ces désordres provenaient des vices d'une constitution impraticable, où la populace et les soldats pouvaient à chaque instant faire trembler l'autorité royale.

Mais, tel était l'ascendant des idées libérales, que nul n'osait signaler les vraies causes de la crise. Pourtant le mal ne fut point pallié. Un écrit intitulé : *la Patrie en danger*, sortant des bureaux du ministère, déchira une partie du voile, et fit connaître l'état de la malheureuse Espagne. « Braves Espagnols,
» disait l'écrit ministériel en terminant son
» effrayant tableau, maintenant que vous
» connaissez les perfides desseins de ceux qui
» vous entourent et cherchent à vous séduire,
» c'est à vous de frustrer les espérances cou-
» pables des agitateurs. Parlez, dites haute-
« ment que vous désapprouvez la rébellion
» manifeste, par laquelle plusieurs villes se
» refusent d'obéir aux ordres constitution-
» nels de l'autorité légitime. Montrez de la
» vigueur et de l'énergie, et bientôt vous ver-
» rez disparaître cette faction désorganisa-
» trice, qui veut vous entraîner dans la

» guerre civile et dans les terreurs d'une » anarchie révolutionnaire. Il s'agit de la » constitution et de la liberté, et les factieux » travaillent avec une telle activité et un » tel accord, que pour peu que vous soyez » négligens, pour peu que vous hésitiez de » prendre des mesures promptes, vous ver» rez le trône renversé, la liberté perdue, » le désordre régner, et notre malheureuse » nation soumise de nouveau à un despo» tisme cruel. »

Tel était aussi le langage que tenaient en 1792, aux approches du 10 août, nos constitutionnels, lorsque les faibles restes du trône étaient menacés par les affiliés jacobins de Paris et des provinces, par les fédérés armés de Brest et de Marseille. Le même volcan dont l'explosion fut le signal du 10 août à Paris, menaçait Madrid d'une éruption : les symptômes étaient les mêmes. Les jacobins de Cadix, de Séville et de la Corogne, trouvaient partout des imitateurs; presque tous les officiers de l'armée étaient gagnés; une partie des militaires des provinces l'étaient aussi. La faction des *communeros* avait aussi un parti dans les Cortès, comme les jacobins de France en avaient eu dans l'assemblée législative, pour accélérer le renversement total de la monarchie. On désignait à Madrid comme ses principaux chefs, les sieurs Romero Alpuente et Diaz de Moralès, de même qu'on avait désigné Danton et Robespierre à Paris en 1792. Il s'était aussi formé dans les Cortès, comme à l'assemblée législative, une espèce de faction de la Gironde, ou d'hommes d'État intrigans. Ceux-ci regardant le ministère comme encore trop royaliste, aspiraient à le renverser pour se mettre à sa place, et en même temps ravir aux *communeros* ou jacobins, le pouvoir que ces derniers convoitaient, et dont ils voulaient s'emparer les armes à la main.

Ils n'attendaient pour se déclarer ouvertement et agiter la capitale, que le jour fixé par la députation permanente, pour rendre compte aux Cortès de l'état de la nation, et proposer des mesures de salut public. Les troupes et les milices devaient prendre les armes; c'était le moment que les factieux avaient choisi pour frapper leur coup décisif.

Aux approches de la crise, les ministres Bardaxi et Felice, déterminèrent le roi Ferdinand à quitter sa maison de plaisance pour se rendre à Madrid. Cette démarche fut généralement blâmée par les royalistes; ils pensaient qu'elle aurait dû être différée jusqu'après la séance des Cortès, qui donnait lieu, ou servait de prétexte à la fermentation. On se rappelait que le malheureux Louis XVI, confiné dans son palais, aux approches du 10 août, fut abandonné ou trahi par les constitutionnels, qui, paralysant toutes les mesures de défense, lui conseillèrent au moment de la catastrophe, d'aller se jeter dans les bras de ses ennemis.

Cependant le Roi fit son entrée à Madrid le 4 décembre. La milice formait la haie sur son passage ; un concours nombreux obstruait les rues. Un concours plus immense de royalistes l'attendait hors de la ville, et s'étendait à plus d'une lieue. De nombreux équipages garnissaient les deux avenues de la grande route. Des fleurs, des colombes étaient offertes au Roi, et chacun s'empressant de lui témoigner son amour, semblait lui dire : « Comptez sur nous, il est encore » de bons et fidèles Espagnols, qui sauront » vous défendre contre vos ennemis. » Jamais le Roi, depuis son premier retour en 1814, n'avait été reçu avec autant de démonstration d'attachement et d'amour. Le danger semblait avoir éveillé le courage et le zèle de ses fidèles sujets.

La garnison de Madrid était pour le Roi, de même qu'une partie des milices. Plus de trois mille royalistes armés à leurs frais et sans ordre, étaient prêts aussi à voler à la défense du trône. On savait que l'Alava, la Vieille-Castille, la Navarre, le Guipuscoa et la Biscaye, avaient envoyé des adresses réservées au Roi, dans lesquelles ces provinces protestaient de leur dévouement à leur auguste Souverain. Telles étaient les forces du parti royaliste. Selon le bruit public l'infant Don Carlos en était l'âme, et l'excitait secrètement.

Le Roi pouvait encore défendre sa couronne, en se mettant franchement à la tête de son parti; mais, de même que le malheureux Louis XVI, il trouvait une opposition constante à toute mesure efficace de salut public, de la part de ceux qui, l'ayant dépouillé de son autorité, semblaient décidés à ne pas balancer entre sa perte entière, et celle de leur pouvoir.

Il n'y avait plus aucun doute sur les sinistres projets des conspirateurs. Déjà ils étalaient dans les boutiques de la capitale, une caricature infâme contre la personne du Roi. On avait écrit à Paris, quelques jours avant le 10 août, sur le château des Tuileries : *maison à vendre*; la même indignité fut commise sur les portes du palais du roi d'Espagne. Ses gardes isolés étaient poursuivis, égorgés, par une populace sanguinaire.

Les ministres eux-mêmes faiblissaient. Instruits, le lendemain de l'entrée du Roi, que Cadix était décidément en révolte ouverte ainsi que Séville; que Medina Sidonia venait de se joindre à la confédération, que Barcelonne et Valladolid demandaient leur destitution immédiate, ils donnèrent leur démission le 6, dans les mains du Roi, qui refusa obstinément de la recevoir. Après d'inutiles observations, Ferdinand se leva de son fauteuil, et dit d'un ton véhément aux ministres assemblés. « Je sais le sort » que me préparent ces gens; ils veulent que » je sois un second Louis XVI; mais ils n'y » réussiront pas : je ne serai point le premier » à provoquer la lutte; mais, si l'on m'y force, » et si je dois mourir, ce sera les armes à la » main, et à la tête de ma garde. »

Cet élan d'énergie inattendu de la part du Monarque, l'attitude des royalistes, et le parti que prirent les ministres de rester à leur poste, déconcertèrent la faction ; elle n'osa plus hasarder un mouvement, soit dans la crainte d'un échec, soit dans l'appréhension que le Roi, à la faveur des troubles et du désordre, ne parvînt à faire une trouée avec un rassemblement de royalistes, et à gagner la campagne. De même que les révolutionnaires de France, ceux d'Espagne redoutent surtout la guerre civile, faite par un Roi qui se mettrait en état de défense légitime. La faction eut de nouveau recours aux voies obliques.

Le 10 décembre, une foule nombreuse obstrua les approches de la salle des Cortès. On voyait divers groupes, au milieu desquels figuraient les plus chauds démagogues, cherchant à soulever les esprits, déclarant que dans les cas où les Cortès ne se prononceraient pas contre les ministres, et par conséquent en faveur du peuple, il fallait que le sang coulât par torrens.

Toutefois le congrès espagnol, sur le rapport du sieur Calatrava, l'un de ses membres, crut devoir d'abord décider qu'il y avait lieu de mettre en jugement les autorités désobéissantes de Cadix et de Séville. A peine cette décision fut-elle connue dans la salle et au dehors, que des cris de rage, et des coups répétés de sifflets se firent entendre; des imprécations furent proférées contre le Roi, les Cortès, les ministres. Le désordre fut au comble. Les mesures prises par les autorités locales, et les bonnes dispositions de la force publique, y mirent pourtant un terme. Le Roi n'alla point au Prado comme il en avait eu d'abord l'intention. Sûr des sentimens de la majorité des habitans de Madrid et des troupes de la garnison, il surmonta les terreurs qu'on avait cherché à lui inspirer. D'ailleurs, la faction criminelle était décidée à tout employer pour le contraindre à rester dans sa capitale.

Le 12, elle eut sa revanche; car tout était concerté entre les meneurs des Cortès. Le même Calatrava fit un rapport qui ne fut qu'un acte d'accusation verbeux contre les ministres, à la conduite desquels il attribua les désordres et l'anarchie qui désolent une grande partie des provinces. Le surlendemain 14, les débats, sur ce sujet important, s'engagèrent. Le député Roméro Alpuente, exposa dans un discours véhément les griefs de la nation contre les ministres. Plusieurs députés s'élevèrent contre le ministre de la guerre, le général Salvador, l'accusant d'une conduite arbitraire et passionnée, à l'égard des généraux Riego, Mina, l'Empecinado et autres. Ce ministre et celui de l'intérieur, étaient particulièrement en butte à l'animadversion des Cortès, aux calomnies et aux outrages de la faction anarchique. Elle savait qu'en disposant des deux porte-feuilles de l'intérieur et de la guerre, et en les faisant donner à ses chefs, elle disposerait de la monarchie.

Les ministres présentèrent leur défense sur le principe, qu'ils ne pouvaient être responsables que de faits précis, et après avoir été mis en accusation. Le ministre de l'intérieur avoua que des changemens brusques avaient été faits dans les premiers emplois civils et militaires des provinces. « Personne ne peut nier, ajouta-t-il, que le » gouvernement n'ait pu, dans de si graves » circonstances, user de cette faculté, » comme de toutes les autres, qui s'exercent » au nom du Monarque, avec mesure et » circonspection; et qu'en un mot il ne

» doive être, à cet égard, dans une indé
» pendance absolue. S'il n'en était pas ainsi,
» le gouvernement n'aurait aucun poids
» dans la balance des pouvoirs. »

Signalés comme les agens des ennemis du système libéral, les ministres ne purent ramener à eux les esprits, et l'avis de la commission chargée d'examiner les griefs élevés contre le ministère, fut en tout conforme aux vœux exprimés dans les représentations séditieuses dont les Cortès prétendaient punir les auteurs. L'adresse au Roi, proposée par cette même commission pour le renvoi des ministres, passa dans la séance du 15, à une majorité de 104 voix, contre 59. Ainsi, il était évident que la majorité du Congrès agissait dans le même sens, mais avec plus de politique et de mesure, que les confédérés des provinces en révolte contre l'autorité du gouvernement. Le Roi répondit à la députation des Cortès : « Je reçois ce mes-
» sage; l'affaire est importante; je la pren-
» drai en mûre considération. » Sourd aux clameurs des partis, il exprima la même volonté de garder ses ministres et de refuser leur démission. « Si le ministère, dit le Roi,
» devait être changé aujourd'hui, parce que

» l'Andalousie s'est mise en révolte, demain » il faudrait encore le changer, sur la de- » mande d'une autre province rebelle. »

Ce fut pendant ces débats que la faction dominante présenta aussi ses griefs contre l'influence présumée du cabinet des Tuileries. On savait qu'elle devait demander compte des motifs du rassemblement des troupes françaises vers les Pyrénées, ainsi que de l'arrivée d'un général et de son état-major à Baïonne.

Abordant ce point délicat, le chanoine Nevas s'exprima en ces termes, dans la séance du 14 décembre : « Nous connais- » sons les intrigues politiques qui ont été » ourdies par les puissances étrangères, » dans le but de changer la Constitution » espagnole, ou d'y introduire certaines » additions ; en un mot, de l'habiller à la » française. On sait, et par conséquent je » ne l'ignore pas, qu'un grand personnage » étranger osa tenter le dernier ministère ; » mais, l'ayant trouvé impénétrable, il se » forma ensuite une autre combinaison, qui » s'étendit peut-être jusqu'à Laybach, pour » qu'à tout risque le ministère fût changé. » En attendant, on machinait dans l'inté-

» rieur de l'Espagne, mille intrigues; il y » avait, et il y a encore, des émissaires » payés, qui ont travaillé à discréditer et » à renverser l'ancien ministère. »

Ces demi-révélations avaient surtout pour objet de rendre suspect les ministres, dont la faction voulait et pressait le renvoi. Le chanoine Nevas, en soulevant ainsi une partie du voile qui dérobait les timides démarches de notre diplomatie en Espagne, a fait voir jusqu'où un ministère, sans vues et sans vigueur, a pu laisser descendre la puissance de la France et l'héritage de Louis XIV. Quel triste sujet de réflexions pour des cœurs français, voués à la légitimité et à la vraie gloire nationale! Si nous allions devancer l'Histoire dans le jugement qu'elle portera un jour, sur des faits aussi importans; si nous osions être l'organe de l'opinion monarchique, nous dirions à ceux qui dirigeaient l'an dernier nos Affaires Etrangères: » Vous n'avez rien fait soit pour détourner, » soit pour éteindre l'incendie qui dévore » l'Espagne, et qui, depuis près de deux ans » nous menace nous-mêmes. Vous n'avez » combattu le mal qu'avec des notes insi- » gnifiantes. Vous avez souffert les insultes,

» les outrages, les menées factieuses dirigées
» contre l'héritier du petit-fils de Louis-le-
» Grand, et contre la France redevenue mo-
» narchique, comme si vous aviez désespé-
» ré de la fidélité, et du courage de la nation.
» Abusé par des relations insidieuses, vous
» avez méconnu la dignité de la couronne,
» en vous reposant sur une intervention dé-
» risoire, du soin de protéger l'autorité
» royale. Tout vous faisait un devoir pour-
» tant de suivre une marche plus honora-
» ble et plus sûre. Dans des circonstances
» aussi graves, quel rapport aurait fait à
» son Roi un ministre capable de s'appro-
» prier les traditions d'un Sully, et d'un car-
» dinal de Richelieu, sur la sûreté et la di-
» gnité de la France? Peut-être aurait-il
» tenu au Roi ce langage :

» Sire, la révolution Espagnole menace
» de troubler la tranquillité de la France et
» de tout le midi de l'Europe, comme la ré-
» volution Française a troublé pendant près
» de 30 ans l'Europe entière : mêmes prin-
» cipes, mêmes vues, mêmes desseins,
» mêmes progrès. Si, en 1791, la prudence
» de l'empereur Léopold ne s'était pas laissé
» abuser et endormir; si, de concert avec

» Frédéric-Guillaume, il eût montré un an
» plutôt cent mille hommes sur les fron-
» tières, tenant lui-même d'une main le
» glaive, et de l'autre, le pacte de con-
» ciliation entre Louis XVI et ses sujets
» égarés, nul doute, Sire, que la sagesse
» unie à la force, n'eussent établi dès-lors
» parmi nous, ce pacte puisé dans le cœur
» de Louis XVI, qui germait aussi dans vos
» hautes pensées, et dont, trop tard, sans
» doute, nous avons été redevables à votre
» génie, et à votre grande âme toute pater-
» nelle. Que de maux, de crimes, de rava-
» ges n'eût pas épargné à l'Europe cette in-
» tervention tutélaire? La France eût évité
» de longues années de tyrannies populaires
» et militaires, et deux invasions rendues
» encore plus sensibles par quelques années
» de gloire. Il s'agit de parer à de nouveaux
» désastres qui semblent menacer indirec-
» tement la France. Le Prince qui règne en
» Espagne, Sire, est un prince de votre sang.
» S'il cessait de régner, s'il avait le sort de
» Louis XVI, plus de pacte de famille, plus
» de sécurité pour la France et pour le midi
» de l'Europe. Que votre Majesté vienne
» donc s'interposer entre Ferdinand et son

» peuple; que votre majesté se présente
» comme arbitre du grand différend qui dé-
» chire la péninsule. Ce rôle de médiateur,
» si digne d'un fils de Saint Louis, n'est point
» étranger à la race de nos Rois. Que pour-
» raient alléguer les perturbateurs des Es-
» pagnes, contre de si grands motifs de
» sollicitude? N'ont-ils pas subi pendant
» vingt années, sans se plaindre, l'influence
» maligne de la France révolutionnaire qui
» les a perdus, et dont le venin cause la mala-
» die mortelle de leur monarchie? N'ont-ils
» pas éprouvé toutes les horreurs de l'in-
» vasion et de la conquête, de la part d'un
» despote extravagant, regardé, avant ses ra-
» vages, comme un demi-dieu dans toutes
» les parties de la péninsule? Ici, ni con-
» quête, ni déprédations, ni despotisme à
» redouter. Les lis ne doivent porter avec
» eux que des gages de stabilité et de paix.
» Le triste essai de la constitution de Cadix,
» dans les deux années qui expirent, n'a
» que trop prouvé que cette charte falla-
» cieuse n'est qu'un code d'anarchie et de
» despotisme. Il ne s'agit donc pas d'impo-
» ser aux Espagnols un pacte tyrannique,
» mais de leur faire adopter une constitu-

» tion praticable, sous l'égide de deux Rois
» et sous les auspices d'une assemblée de
» Cortès, convoqués selon les règles de la
» monarchie. En offrant son arbitrage dans
» un manifeste émané de sa haute sagesse,
» votre Majesté saura prendre en même
» temps des mesures fortes qui ne laisseront
» pas le succès incertain. Cent mille Fran-
» çais, appelés par leur Roi et par leur père,
» viendront se ranger sous notre ancienne
» bannière sacrée, l'oriflamme. Le seul
» appareil de la force suffira pour redon-
» ner de la confiance et du courage aux
» sujets fidèles, pour faire pâlir les fac-
» tieux, pour désorganiser leur ligue im-
» pie. De tels résultats sont dans vos sen-
» timens et dans votre gloire, et voilà pour-
» quoi, Sire, vous les voudrez. Sans doute
» que pour l'exécution de si nobles desseins,
» il faut des garanties au dehors et des sûre-
» tés au dedans. Mais il n'est plus besoin pour
» les obtenir que d'un sacrifice : celui des
» préjugés, des préventions et du faux sys-
» tème, qui depuis six ans égarent votre
» ministère. Eh bien! ce sacrifice vos mi-
» nistres sont prêts à le faire aux pieds de
» votre Majesté, pour affermir sa couronne,

» pour pacifier les Espagnes, et pour ramener la sécurité en Europe. Sûrs que la France sera toujours grande et forte, quand les ministres du Roi le voudront, nous sommes décidés à marcher nous-mêmes, sous l'égide de votre Majesté, à la tête de la ligue royaliste et chrétienne, qui aura pour devise : *union*, *force et prudence*. Mais une si grande entreprise ne souffre pas de délais. Protectrice en 1821, elle ne le serait peut-être plus en 1822. La faction militaire espagnole profitant de notre foiblesse et de nos fautes, se montrerait encore plus menaçante, plus hostile. Maîtresse absolue de toutes les ressources et de tous les appuis du gouvernement, elle entretiendroit, parmi nous, des espérances coupables; elle fomenterait des troubles; elle compromettrait la sûreté du royaume, en nous tenant sur une défensive pénible. L'Italie comme la France auroit à redouter *ces démons du Midi*, qui de même que leurs devanciers, aspirent à subvertir et à dévaster les monarchies régulières qui les avoisinent. Une politique prévoyante fait un devoir à vos ministres, Sire, de

» conjurer l'orage par tous les moyens qui
» sont au pouvoir de l'autorité royale. »

Ne se réalisent-elles pas déjà dans le développement rapide des événemens les craintes énoncées dans la fiction politique que nous a suggérée la gravité même du sujet que nous traitons? Pour tout observateur attentif, les désordres et les maux de l'Espagne, qui, l'an dernier, n'étaient pas incurables, se montrent aujourd'hui sous l'aspect le plus sinistre.

Si la faction, qui donnait l'impulsion aux Cortès, crut devoir suspendre l'explosion préparée dans les provinces contre la couronne, c'est que, placée entre les mouvemens désordonnés des jacobins militaires et les insurrections royalistes, elle voulait s'assurer préalablement le ministère et tout le pouvoir. En s'obstinant à remporter ce triomphe décisif sur la détermination du Roi, elle a montré qu'au fond elle faisait cause commune avec les révolutionnaires les plus acharnés.

C'est à ce double motif que vers la fin de décembre, on dut l'espèce de pacification qui calma la Galice. Les craintes sur cette province, où Espoz Mina semblait régner, se dissipèrent tout à coup. Le brigadier Latre, chef politique, qui s'était retiré à Lugo, y avait pris le commandement civil et militaire. Loin de céder aux insinuations hostiles, il écrivit à Mina, et aux autorités de la Corogne, pour leur représenter la nécessité urgente de réconcilier les partis, en les réunissant sous l'égide de la Constitution. Les autorités se rendirent à ses observations, et Mina lui-même remit le commandement militaire au maréchal-de-camp Don Raymond Lopez, qui fit reconnaître le brigadier Latre en qualité de commandant général. Selon les affiliés jacobins de la Galice, Mina agit dans cette circonstance avec une faiblesse impardonnable.

D'un autre côté, la Navarre était en pleine insurrection contre le nouveau système. Le nombre des habitans en armes s'étant accru sous le nom d'*armée de la Foi*, une junte apostolique, siégeant près la frontière de France, dirigea tous les mouvemens de l'insurrection Navarraise. Un soulèvement presque général fut tenté aussi dans les provinces Basques : Guipuscoa, Alava et Biscaye, toutes aussi ennemies du nouveau système que la Navarre, dont les mouvemens s'étendirent dans le haut Aragon, jusqu'à Huesca. Plus d'un district, dans les montagnes de la Catalogne, suivit le même exemple.

Ainsi, l'Espagne était dans un état réel d'anarchie et de guerre civile, toutes les provinces du Midi armées dans un esprit exalté de républicanisme, et celles du Nord s'obstinant à défendre les anciennes institutions : la religion, le trône et leurs priviléges. Ici des troupes constitutionnelles, sous les ordres du général Lopes Banos, combattaient les insurgés royalistes ; là, sous les ordres du général Campo-Verde, elles marchaient contre les séditieux de Séville, qui persistaient à méconnaître les décrets des Cortès.

Mais l'insurrection de la Navarre et des provinces limitrophes, n'a point offert un ensemble assez imposant, pour que l'Espagne puisse enfin se glorifier d'une Vendée royaliste. D'un autre côté, la fidélité des troupes constitutionnelles, rassemblées à Cordoue pour aller réduire l'Andalousie, ne parut à l'autorité royale, ni affermie, ni assurée, tant les corps de l'armée espagnole sont en proie à l'esprit d'insubordination et de jacobinisme! Les manœuvres les plus criminelles sont employées par les moteurs de la révolution pour égarer les soldats, auxquels ils promettent les dépouilles des églises et les biens des riches.

En vain les Cortès ont mis en accusation, pour la forme, les autorités séditieuses de Séville. Elles ont persisté, de concert avec les autorités de Cadix, à redemander le changement des ministres; elles sont restées en état de rébellion, enhardies par les mouvemens de Carthagène, de Valence, de Murcie, et en dernier lieu de Barcelonne, qui a proclamé son indépendance. Toutes ces villes sont entrées ouvertement dans la confédération des jacobins militaires, dont Riego est le chef. Déjà nos admirateurs de la révolution espagnole annoncent, avec une joie d'affiliés et de prosélytes, qu'une levée révolutionnaire de trente mille hommes a été décrétée en Catalogne, et que Riego vient de faire à Barcelonne son entrée triomphale.

A la fois tribun des soldats et tribun du peuple, Riego s'est déclaré le chef et le protecteur des *vertueux descamisados*, société patriotique organisée à l'instar de nos sans-culottes de 1793.

Dans ce triste conflit, aucun autre pouvoir que le pouvoir révolutionnaire ne se montre assez en force pour l'emporter. Aussi le Roi, fatigué d'une résistance sans fruit et sans espoir, obsédé par la députation permanente, n'osant donner aux troupes qui paraissent fidèles encore, le signal de la guerre civile, vient de céder, de renvoyer ceux de ses ministres en butte à l'animadversion des factieux, dont le triomphe est assuré. Qu'il n'attende rien de ce nouveau sacrifice, en faveur du retour de l'ordre et de la tranquillité publique. Les factieux vont maintenant lui imposer un ministère de leur choix, qui aidera de ses mains à mettre la monarchie dans le cercueil. Déjà les autorités de Madrid, intimidées ou subornées, ont rouvert l'antre du jacobinisme espagnol, *la Fontana d'Oro*. Les deux factions libérales ne se sont réconciliées qu'aux dépens de Ferdinand VII. La possession du ministère qu'elles convoitent, amènera de nouveaux déchiremens. La soumission de l'Andalousie, qu'on affecte de proclamer, n'est qu'apparente, et la confédération jacobine reste dans toute sa force :

elle fait planer la terreur sur toute l'Espagne ; déjà la malheureuse Navarre est livrée aux exécutions militaires.

Qu'espérer, d'ailleurs, des nouveaux Cortès ordinaires dont la session va s'ouvrir le 1er de mars ? On connaît déjà l'esprit de cette assemblée, composée en grande majorité de révolutionnaires exaltés, qui se préparent à nommer Riego leur premier président. Puisse cette nouvelle assemblée ne pas marcher sur les traces, soit du long Parlement, soit de l'Assemblée législative, soit de la Convention ! Puisse l'Espagne, qui échappe à toute influence monarchique et salutaire, pressée par l'anarchie qui la dévore, ne pas tomber sous un gouvernement tel que celui de Tunis ou d'Alger ; puisse-t-elle ne pas être destinée à donner au monde la parodie d'un Cromwel ou d'un Bonaparte !

De l'Imprimerie de DEMONVILLE, rue Christine, n° 2.

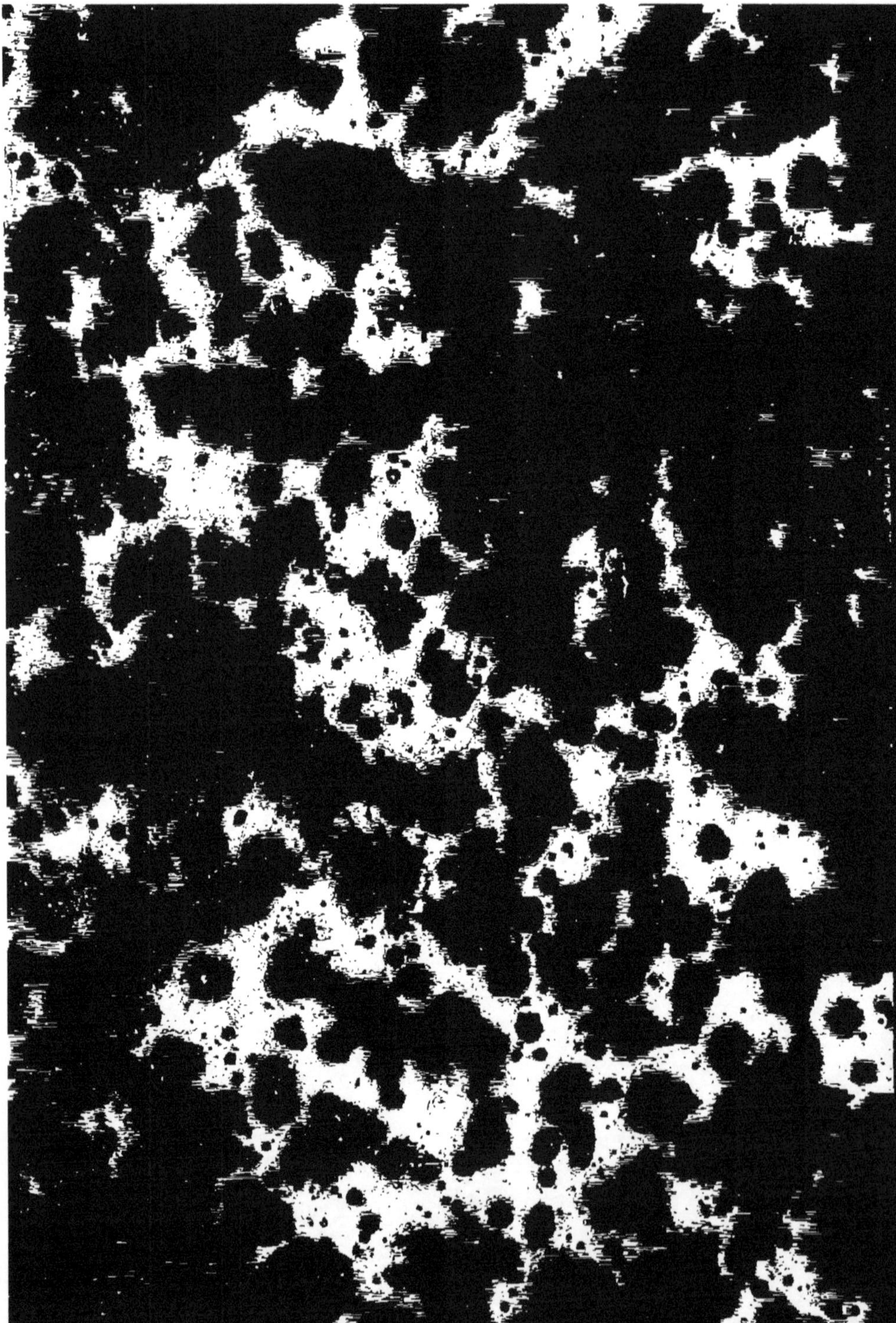

www.ingramcontent.com/pod-product-compliance
Ingram Content Group UK Ltd.
Pitfield, Milton Keynes, MK11 3LW, UK
UKHW031926260826
14628UKWH00003B/1437

9 782012 962569